IRISH
SENTENCE BUILDERS
A lexicogrammar approach
Beginner to Pre-Intermediate

STUDENT LISTENING Book

Copyright © G. Conti and D. Viñales

All rights reserved

ISBN: 9783949651519

Imprint: Language Gym

Edited by Vikki Ní Bhréin

DEDICATION

For Catrina

- Gianfranco

For Ariella and Leonard

- Dylan

Do John agus Stella, ár dtuismiteoirí dílse

- Aoife & Órla

ABOUT THE AUTHORS:
IRISH SENTENCE BUILDERS

Aoife de Buitléir is a qualified post primary teacher since 2017 where she completed her Professional Masters of Education in National University of Ireland, Galway. During her studies in NUIG, she completed modules such as Educational Sciences and as well as achieving a 1.1 in her research Project on effective hooks in a language classroom. Prior to her Master's degree, Aoife completed a 3 year Joint Bachelor of Arts degree specialising in An Ghaeilge and Honours Mathematics where she achieved a first class honours degree. Aoife has worked as a translator in the Irish Translation Department in NUIG and with an independent translation company in Co. Galway where she translated legal documents into Irish. Furthermore, Aoife works in an Irish speaking Gaeltacht area in Conamara, Co. Galway with an Irish College teaching Irish in 3 week emersion courses since 2013. Additionally, Aoife is undertaking the Saibhreas Teanga course in Acadamh na hOllscolaíochta Gaeilge in Ceathrú Rua, Conamara and is always looking to improve her own level of competency and fluency in the language. Since qualifying as a post primary teacher, Aoife has worked in a wide variety of post primary schools between mixed and single gender schools in Galway and has taught Irish and Mathematics from Junior Cycle to Senior Cycle Higher Level. Aoife is now working in Tullamore, Co.Offaly.

Órla de Buitléir qualified as a post primary teacher in 2017 where she undertook the Professional Masters of Education in the National University of Ireland, Galway achieving a first class honours Master's degree at the end of her 2 years. During her studies, she completed teaching placement in various post primary schools across Galway City and studied modules in the Psychology of Learning and Teaching. Preceding her Master's degree, Órla was awarded a 1.1 in her Joint Bachelor of Arts degree in An Ghaeilge and Honours Mathematics. Throughout her studies there, she completed modules such as Translation Studies and The Undergraduate Ambassador Module. Órla continues to enhance her own professional learning and is undertaking a Saibhreas Teanga course in Acadamh na hOllscolaíochta Gaeilge in Ceathrú Rua, Conamara as well as been awarded the Certificate 'Teastas Gaeilge do Mhúiníteorí Iarbhunscoile'. Additionally, Órla works in an Irish College in Conamara, Co. Galway each summer since 2013 teaching Irish to students from across the country. Órla has taught students of all levels ranging from Junior Cycle to Senior Cycle Higher Level and is currently working in a mixed post primary school in Tullamore, Co.Offaly.

ABOUT THE AUTHORS: SPANISH SENTENCE BUILDERS (ORIGINAL VERSION)

Gianfranco Conti taught for 25 years at schools in Italy, the UK and in Kuala Lumpur, Malaysia. He has also been a university lecturer, holds a Master's degree in Applied Linguistics and a PhD in metacognitive strategies as applied to second language writing. He is now an author, a popular independent educational consultant and professional development provider. He has written around 2,000 resources for the TES website, which have awarded him the Best Resources Contributor in 2015. He has co-authored the best-selling and influential book for world languages teachers, "The Language Teacher Toolkit" and "Breaking the Sound Barrier: Teaching Learners how to Listen", in which he puts forth his Listening As Modelling methodology. Gianfranco writes an influential blog on second language acquisition called The Language Gym, co-founded the interactive website language-gym.com and the Facebook professional group Global Innovative Language Teachers (GILT). Last but not least, Gianfranco has created the instructional approach known as E.P.I. (Extensive Processing Instruction).

Dylan Viñales has taught for 15 years, in schools in Bath, Beijing and Kuala Lumpur in state, independent and international settings. He lives in Kuala Lumpur. He is fluent in five languages, and gets by in several more. Dylan is, besides a teacher, a professional development provider, specialising in E.P.I., metacognition, teaching languages through music (especially ukulele) and cognitive science. In the last five years, together with Dr Conti, he has driven the implementation of E.P.I. in one of the top international schools in the world: Garden International School. This has allowed him to test, on a daily basis, the sequences and activities included in this book with excellent results (his students have won language competitions both locally and internationally). He has designed an original Spanish curriculum, bespoke instructional materials, based on Reading and Listening as Modelling (RAM and LAM). Dylan co-founded the fastest growing professional development group for modern languages teachers on Facebook, Global Innovative Languages Teachers, which includes over 12,000 teachers from all corners of the globe. He authors an influential blog on modern language pedagogy in which he supports the teaching of languages through E.P.I. Dylan is the lead author of Spanish content on the Language Gym website and oversees the technological development of the site. He is currently undertaking the NPQML qualification, after which he plans to pursue a Masters in second language acquisition.

ACKNOWLEDGEMENTS

Many thanks to the speakers who contributed to the recording process. In particular, thanks to Amanda Ní Dhufaigh, Sinéad Ní Bhraoin, Ciarán Mac Réamoinn, Rob Quinlan and Aidan Mac Donncha for their time and effort in recording the sound files.

Secondly, our thanks and appreciation to the testing and proofreading team, but to Vikki Ní Bhréin, in particualr. It is thanks to their time, patience and professionalism that we have been able to produce such a refined and highly accurate product.

INTRODUCTION

This Irish Listening Booklet matches to the minutest details the content of the 19 units included in the best-selling workbook for beginner-to-pre-intermediate learners "Irish Sentence Builders", by the same authors. For best results, the two books should be used together.

This book fully implements Dr Conti's popular approach to listening-skills instruction, L.A.M. (aka *Listening-As-Modelling*), laid out in his seminal work: "Breaking the Sound Barrier: Teaching Learners how to Listen" (Conti and Smith, 2019). L.A.M. is based on the concept that listening instruction should train students in the mastery of the key micro-listening skills identified by cognitive psychologists as follows:

- Phonemic processing
- Syllable processing
- Segmenting
- Lexical retrieval
- Parsing
- Meaning building
- Discourse building

This translates into aural instruction which deliberately targets the above micro-abilities through a range of tasks performed on input which is (1) highly patterned; (2) 90-98 % comprehensible; (3) flooded with the occurrence of the target structural patterns and lexical items; (4) delivered at a rate of speed which allows for learning; (5) designed to induce a priming effect on learning (i.e. to subconsciously sensitize the learners to the target language items).

Each unit contains around 13 listening tasks, which provide continuous and extensive recycling of the target constructions and vocabulary items and address the development of the key listening micro-skills. The tasks include engaging and tested Conti classics such as "Spot the intruder", "Missing details", "Faulty transcript", "Break the flow", "Faulty translation", "Gapped translation" and "Listening slalom", alongside more traditional listening comprehension tasks.

The tasks have been designed with the following key L.A.M. principles in mind: (1) the task's cognitive load must be appropriate to the level of the target learners; (2) the tasks must involve thorough processing (i.e. they should promote attention to details); (3) at the beginning stages, the tasks should promote noticing of the target language items by creating opportunities for cognitive comparison between the target language and the mother tongue (e.g. by using parallel texts in both languages, as happens in tasks such as "Bad translation" and "Gapped translation"); (4) the tasks should provide the learners with multiple entry points for acquisition by requiring them to engage with the same or similar texts at different levels of processing (from the identification of sounds to lexical retrieval; from the processing of structural patterns to the construction of meaning and discourse); (5) the tasks should model speaking micro-skills (e.g. pronunciation, decoding skills, functional and positional processing), not merely exam-taking techniques (as textbooks typically do); (6) tasks should be sequenced in a graded fashion, gradually phasing out support and increasing in difficulty.

The tasks have been tested countless times with students aged 11 to 13, with very positive feedback both in terms of engagement and perceived effectiveness

HOW TO USE THIS BOOK

This book was intended as a Listening-for-learning tool aimed at paving the way for spoken and/or written production. If used in conjunction with the "Irish Sentence Builders" book, the tasks in each unit would follow the presentational stage of the target constructions through sentence builders and associated teacher-led aural activities aimed at building phonological awareness (e.g. "Faulty echo", "Minimal pairs", "Spot the silent letters", "Write it as you hear it") and at establishing meaning (e.g. "Listening bingo", "Positive or Negative", "Faulty transcript").

We recommend interspersing the listening tasks in each unit with engaging vocabulary-building, reading and read-aloud activities rather than covering every single exercise in a sequential fashion. Also, teachers, in selecting the activities and crafting each instructional sequence, should be cognizant of the motivational levels and concentration span of their students. These will vary from class to class and will inevitably inform their choice of the amount and type of listening that will be most conducive to learning.

Please note that whilst the sequence in which the tasks are arranged in each unit was carefully crafted by the authors to provide a graded and balanced progression from easier to more challenging, teachers should not feel straight-jacketed by that order.

If the teacher has near native or native command of the target language, they may want to deliver some of activities by reading the text aloud themselves using the transcripts in the answer book, which can be purchased separately. This will enable them to enhance the input by emphasizing specific aspects of the input (e.g. specific words, word endings or phonotactic features such as assimilation phenomena) they may want their students to notice. Input enhancement is a useful means to enhance acquisition and interpersonal listening whereby the teacher interacts with the learners is an effective way to make aural input more learnable, engaging and motivational.

EXTENSIVE PROCESSING INSTRUCTION

If you have bought into our E.P.I. approach

Both this listening book and the original Sentence Builder book were originally designed as a resource to use in conjunction with our E.P.I. approach and teaching strategies. Our course favours flooding comprehensible input, organising content by communicative functions and related constructions, and a big focus on reading and listening as modelling. The aim of these books is to empower the beginner-to-pre-intermediate learner with linguistic tools - high-frequency structures and vocabulary - useful for real-life communication.

If you don't know or have NOT yet bought into our approach

If you would like to learn about E.P.I. you could read one of the authors' blogs. The definitive guide is Dr Conti's "Patterns First – How I Teach Lexicogrammar" which can be found on his blog (www.gianfrancoconti.com). There are also informative and user-friendly blogs on Dylan's Wordpress site (mrvinalesmfl.wordpress.com) such as "Using sentence builders to reduce (everyone's) workload and create more fluent linguists" which can be read to get teaching ideas and to learn how to structure a course, through all the stages of E.P.I.

The book "Breaking the Sound Barrier: Teaching Learners how to Listen" by Gianfranco Conti and Steve Smith, provides a detailed description of the approach and of the listening and speaking activities you can use in synergy with the present book.

DIALECTS

Please note that each unit contains recordings of various dialects to provide a balance for all learners. The dialects include Munster, Connaught, Ulster and Leinster spoken Irish.

ACCESSING THE SOUND FILES

The sound files can be accessed at www.language-gym.com/listening

Once you log on, you will see a menu, containing all the units in the book, ordered and labelled as per the book itself. This section of the Language Gym can be accessed by any person who has bought this book, regardless of whether or not you are a subscriber to the main Language Gym site.

TABLE OF CONTENTS

Unit	Title	Communicative function	Page
1	Talking about age	Describing yourself and other people	1
	Decoding Skills – Part 1		3
2	Saying when birthdays are	Describing yourself and other people	4
	Decoding Skills – Part 2		7
3	Describing hair and eyes	Describing yourself and other people	8
	Decoding Skills – Part 3		11
4	Saying where a person is from and living	Indicating location	12
	Decoding Skills – Part 4		15
5	Talking about my family members	Describing people and relationships	16
	Decoding Skills – Part 5		19
6	Describing myself and another family member	Describing people, relationships and expressing opinions	20
7	Talking about pets	Describing people/animals and asking questions	23
8	Talking about jobs	Describing people, expressing opinions and indicating location	26
9	Comparing people's appearance and personality	Comparing and contrasting	29
10	Saying what is in my school bag / classroom	Stating what you have and describing objects	32
	Reading Aloud – Part 1		35
11	Talking about food - Introduction	Describing food and expressing opinions	36
12	Talking about food - likes & dislikes	Describing routine behaviour in the present, expressing opinions	39
13	Talking about clothes and accessories	Describing people, routine behaviour in the present and indicating time	42
14	Saying what I and others do in our free time	Describing routine behaviour in the present and indicating time	45
	Reading Aloud – Part 2		48
15	Talking about weather and free time	Describing events and routine behaviour in the present and indicating location	49
16	Talking about daily routine	Describing routine behaviour in the present, indicating time, sequencing	52
17	Describing houses	Indicating location, describing things and expressing likes/dislikes	55
18	Saying what one does at home / daily routine	Indicating routine behaviour in the present, time, frequency and location	58
	Reading Aloud – Part 3		61
19	Holiday plans	Making plans for the future, indicating time, location and expressing opinions	62

UNIT 1 – TALKING ABOUT AGE

1. Fill in the blanks

a. Aoife is __ __ __ __ dom

b. Eoin __ __ ainm __ __

c. Tá sé cúig __ __ __ __ __ __ d'aois

d. Liam is ainm do mo __ __ __ __ __ __ __ __ __

e. Tá __ __ seacht __ __ __ __ __ __ d'aois

f. Paraic is ainm __ __ __

g. Tá __ __ dhá __ __ __ __ __ __ d'aois

2. Break the flow (draw a line between each word)

a. Róisínisainmdom

b. Támétríblianad'aois

c. Órlaisainmdomomháthair

d. TáMáireochtmblianadéagd'aois

e. Tásénaoimblianad'aois

f. Cúanisainmdó

g. Seosamhisainmdom'athair

3. Arrange in the correct order

I am thirteen years old	
Síle is fifteen years old	
My name is Daithí	1
My sister's name is Síle	
I have one brother and one sister	
My brother's name is Seán	
Seán is fourteen years old	

4. Spot the differences and correct your text

a. Tómas is ainm dó

b. Tá mé aon bhliain déag d'aois

c. Tá sí sé bliana d'aois

d. Tá mo dheirfiúr trí bliana d'aois

e. Báiréad is ainm dó

f. Tá Oisín ocht mbliana déag d'aois

g. Aoife is ainm do mo dheirfiúr

h. Ealga is ainm do chara liom

5. Faulty translation: spot the translation errors and correct them

a. Her name is Andrea

b. I am from Ireland

c. I have three sisters

d. My older sister's name is Saoirse

e. My younger sister's name is Éilis

f. Colin is ten years old

g. Aisling is fourteen years old

h. I am eleven years old

6. Spot the missing words and write them in

a. Pádraig is _____ dom

b. Tá sé ocht _____ d'aois

c. Cormac is _____ do m'_____

d. _____ is ainm do mo _____

e. Tá Bláithín _____ bliana _____ d'aois

f. ____ Mícheál aon _____ _____ d'aois

7. Listen, spot and correct the errors

a. Tá tú sé bhliain déag d'aois

b. Róisin is ainm do do dheirfiúr

c. Ellen is ainm dom

d. Paraic is ainm do chara leat

e. Tá sé cúig mbliana d'aois

f. Tá mé seacht bliana déag d'aois

8. Listen and fill in the grid

	Age	Brothers	Sisters
a. María			
b. Eibhlín			
c. Pól			
d. Ana			
e. Aidan			
f. Caoimhín			

9. Complete with the missing letters

a. Rachel is ain__ dom

b. Is Éireannach __ é

c. Tá sé trí b__iana d'aois

d. Seán is ainm d__

e. Úna is ainm __i

f. Tá Siún naoi __bliana d'aois

g. Stella is ainm d__it

h. Marc i__ ainm dom

i. Tá Iarfhlaith cei__hre b__iana d'aois

10. Translate the sentences you hear into English

a.
b.
c.
d.
e.
f.
g.
h.
i.

11. Narrow listening - Gap-fill

Dia duit, Cillian is _____ dom. Ta mé sé _____ déag d'aois. Tá beirt deartháireacha _____. Franc agus Gearóid _____ ainm dóibh. Tá Franc cúig bliana _____ d'aois agus tá Gearóid _____ bhliain d'aois. Tá _____ amháin agam freisin. Aoibhe is ainm _____. Tá sí _____ bliana déag _____.

| ceithre | dhá | di | d'aois | bliana |
| is | deirfiúr | ainm | déag | agam |

12. Narrow listening - Gapped translation

My name is _____. I am from _____ in Ireland. There are _____ people in my family: my mother, my father, my _____ brother, my _____ brother and myself. My _____ brother's name is _____. He is _____ years old. My _____ brother's name is Stiofán. He is _____ years old. _____ about you? What _____ are you? Do you have any _____ or _____? What ages are _____?

UNIT 1 DECODING SKILLS

1. Listen and complete

a. Tá m__ t__í bli__na d'aois

b. John is a__nm d__

c. Rachel is ain__ do c__ara l__om

d. Tá Diarmuid s__ bli__na d__ag d'aois

e. T__ tú seacht __bliana d'__ois

f. Meadhbh i__ ain__ d__m

g. Tá m__ dheart__ __ir a__n b__liai__ d'aois

h. Jeaic is __inm do m'__th__ir

i. __á Dara dei__h mb__iana __'ao__s

2. Choose the correct spelling

	1.	2.
a.	mbhliana	bliana
b.	bliain	bhliana
c.	Seán	Séan
d.	mo athair	m'athair
e.	dáh	dhá
f.	bhliain	bhliana
g.	bhliana	mbliana
h.	deág	déag
i.	mo deartháir	mo dheartháir
j.	ceithre	ceather

3. Write it as you hear it – write in brackets how the letter(s) underlined sound to your ear.

a. mBliana [e.g. melena]

b. Ceithre

c. Déag

d. Dhá

e. Bliain

f. Ainm

g. Bliana

h. Bhliain

i. D'aois

4. Compare the pronunciation of the letters. How do you say them? Write the sounds you hear beside each letter

a. í	a. i
b. é	b. e
c. ó	c. o
d. á	d. a
e. ú	e. u

5. Spot the mistakes

a. Tá mé aon bliain déag d'aois

b. Tá sí cúig mbliana d'aois

c. Tá mo dheartháir sé bhliain d'aois

d. Tá mo chara naoi bliana déag d'aois

e. Tá sé ocht mbliana déag

f. Tá tú cúig bliain d'aois

6. Cross out the slient letter(s) in each word

a. mBliana	e. Ainm
b. Bhliain	f. Ceithre
c. Mo dheartháir	g. Deich
d. M'athair	h. Mo dheirfiúr

UNIT 2 – SAYING WHEN BIRTHDAYS ARE

1. Fill in the blanks

a. Aodrán is __ __ __ __ dom agus rugadh mé ar an __ __ __ __ __ __ __ lá de __ __ __ __ __

b. Peadar is ainm __ __ __ agus rugadh mé ar __ __ __ __ __ __ __ lá d'__ __ __ __ __ __

c. __ __ __ __ is ainm dom agus rugadh __ __ ar __ __ séú __ __ d'__ __ __ __ __

d. Sinéad __ __ ainm __ __. Rugadh __ ar an __ __ __ __ __ __ lá __ __ __ __ de __ __ __ __ __ __

e. Conor is __ __ __ __ __ __ __ agus rugadh __ __ __ an __ __ __ __ __ lá is __ __ __ __ __ d'Aibreán

2. Break the flow (draw lines between each word)

a. RugadhméarantríúládeMheánFómhair

b. RugadhéarannaoúládeBhealtaine

c. Cathainarugadhthú?

d. RugadhméarangcéadládeLúnasa

e. RugadhíarangcúigiúládéagdeShamhain

f. Cénaoisthú?

g. Támomháthairdaicheadbliaind'aois

h. Támodhearthárseachtmblianaisfichedd'aois

3. Arrange in the correct order

Siobhán is ainm dom	1
Tá deartháir amháin agam	
Is Éireannach mé	
Rugadh é ar an gceathrú lá de Bhealtaine	
Tá cónaí air sa Spáinn	
Rugadh mé ar an tríú lá d'Iúil	
Tá mé deich mbliana d'aois	

4. Listen, spot and correct the errors

a. Joe is ainm di

b. Níl deartháir agam

c. Tá mé seacht mbliana d'aois

d. Is Francach mé

e. Tá cónaí air san Iodáil

f. Tá mé cúig bliana déag d'aois

g. Rugadh mé ar an seachtú lá d'Iúil

h. Tá m'aintín trí bliana is tríocha d'aois

i. Rugadh í ar an tríú lá de Dheireadh Fómhair

5. Faulty translation: spot the translation errors and correct them

a. My name is Robert and I am eleven years old. I was born on the on 4th July.

b. My mother's name is Ana. She is 27 years old. She was born on the 13th August.

c. My father's name is Paraic. He is 39 years old. He was born on the 10th January.

d. I have three brothers.

e. My brother Alex is 12 years old and he was born on the 2nd July.

f. My sister Niamh is 9 years old and she was born on the on 28th May.

6. Spot and fill in the missing words

Robert ainm agus Éireannach mé. Tá cúigear i theaghlach: m'athair, mo mháthair, bheirt deartháireacha agus mé fhéin. Pól is ainm mo dheartháir sine agus tá sé cúig déag d'aois. Rugadh ar an dara lá Mhárta. Riain is ainm do mo dheartháir níos. Tá sé seacht d'aois agus rugadh ar an ochtú lá d'Fheabhra.

7. Listen, spot and correct the errors

a. Rugadh mé ar an deichiú lá d'Aibreán.

b. Pauline is ainm do chara liom. Tá sí dhá bhliain déag d'aois agus rugadh í ar an séú lá d'Eanáir.

c. Rugadh cara liom ar an aonú lá déag de Bhealtaine.

d. Tá mo mháthair ocht mbliana is tríocha d'aois agus rugadh í ar an séú lá is fiche de Nollaig.

e. Tómás is ainm do chara liom. Tá sé trí bliana déag d'aois agus rugadh é ar an seachtú lá déag de Lúnasa.

8. Listen and fill in the grid

	Country	Age	Birthday
a. Andrea			
b. Pól			
c. Nina			
d. Dylan			
e. Seán			
f. Maria			

9. Complete with the missing letters

a. Stiofán is ainm do__

b. Níl __eartháir agam

c. Tá deirifúr níos __ine agam

d. Is __ireannach mé

e. Tá cónaí orm i__ Éirinn

f. Tá mé cúig blian__ déag d'aois

g. Rugadh mé ar an __ceathrú lá d'Iúil

h. Tá cara liom seacht __bliana déag d'aois

i. Rugadh mé ar an deichiú lá d'__ibreán

10. Translate the ten sentences you hear into English

a.

b.

c.

d.

e.

f.

g.

h.

i.

j.

11. Narrow listening: gap-fill

Dia duit, Siún is ainm _____ agus is Éireannach mé. Tá mé ceithre _____ déag d'aois. Rugadh ____ ar an _____ lá de Bhealtaine agus tá _____ deartháireacha agam. Franc agus Eoin is _____ dóibh. Tá Franc _____ bliana _____ d'aois agus rugadh _____ ar an bhfichiú lá de Mheitheamh. Tá Eoin seacht _____ déag _____ agus rugadh é ar ____ dara lá déag ____ Lúnasa. Tá deirfiúr _____ chomh mhaith. Isa is _____ di agus tá sí _____ mbliana d'aois. _____ í ar an gcúigiú _____ d'Aibreán.

12. Narrow listening: fill in the grid in English

Name	
Town	
Age	
Birthday	
Brother's age	
Brother's birthday	

13. Narrow listening - Gapped translation

_____ _____ is Áine. I am _____. I was born on the 6th of _____. I have a _____ whose name is _____. He is _____ years old. He was born on the _____ of December. My best friend's name is _____. She is _____ years old and she was born on the _____ of _____. My _____'s name is Meadhbh. She is _____ years old and she was born on the _____ of _____. My mother is _____ years old and she was born on the _____ of _____.

14. Listening slalom: follow the speaker from top to bottom and number the boxes accordingly

Seán	Marc	Eadaoin	Geraldine	Cailtín
My name is Seán (1)	My brother's name is Leo	My name is Eadaoin	My name is Geraldine	My name is Cailtín
I am English	**I am Irish (1)**	I am Spanish	He is French	I am German
He is 14 years old	I am 21 years old	**I am 13 years old (1)**	I am 9 years old	I am 16 years old
He was born on the 15th of March	**I was born on the 6th of July (1)**	I was born on the on 21st of May	I was born on the 23rd of June	I was born on the on 30th of August
I have a friend	I have a brother	I have a sister	He has a girlfriend	**I have a sister (1)**
She was born on the 12th of	She was born on the 7th of	**Her birthday is on the 1st of (1)**	He was born on the 2nd of	She was born on the on 30th of
January (1)	March	October	November	September

15. Faulty translation: spot the translation errors and correct them

My name is Aidan. I am French. I am 13 years old. My parents' names are Adam and Órla. They are 50 years old. My mother was born on the 19th of March. My father was born on the 14th of July. I have two sisters. Their names are Riain and Aindriú. Riain is 2 years old and Aindriú is 13 years old. Riain was born on the 16th of May and Aindriú was born on the 16th of October.

UNIT 2 - DECODING SKILLS

1. Listen and complete

a. _ _ liain
b. O _ t
c. Dei _ _
d. C _ ad
e. Fic _ _
f. Ain _ d _
g. M _ rt _
h. Bealt _ _ ne
i. No _ _ aig
j. L _ n _ sa
k. Ruga _ _
l. Bli _ _ _
m. Fi _ _ iú
n. I _ i _

2. Write it as you hear it

a. Aon -
b. Dhá -
c. Trí -
d. Ceithre -
e. Cúig -
f. Sé -
g. Seacht -
h. Ocht -
i. Naoi -
j. Deich -
k. Déag -
l. Fiche -
m. Tríocha -
n. d'Eanáir -
o. d'Fheabhra -
p. de Mhárta -
q. d'Aibreán -
r. de Bhealtaine -
s. de Mheitheamh -
t. d'Iúil -
u. de Lúnasa -
v. de Mheán Fómhair -
w. de Dheireadh Fómhair -
x. de Shamhain -
y. de Nollaig -
z. Rugadh -

3. Tick the date you hear

	1	2	3
a.	1st	11th	21st
b.	12th	22nd	2nd
c.	3rd	23rd	13th
d.	25th	5th	15th
e.	6th	16th	26th
f.	17th	7th	27th
g.	8th	28th	18th

4. Write a month starting with each of the letters you hear (Include *de* or *d'* before the month)

a.   f.
b.   g.
c.   h.
d.   i.
e.   j.

5. Spot the silent letter(s)

a. mbliana
b. de Bhealtaine
c. d'Aibreán
d. Rugadh
e. de Dheireadh Fómhair
f. de Nollaig
g. d'Iúil
h. de Shamhain

6. Listen and write out the dates in numbers

a. _ _ . _ _   e. _ _ . _ _
b. _ _ . _ _   f. _ _ . _ _
c. _ _ . _ _   g. _ _ . _ _
d. _ _ . _ _   h. _ _ . _ _

UNIT 3 – DESCRIBING HAIR AND EYES

1. Fill in the blanks

a. Tá gruaig _ _ _ _ _ orm

b. Tá gruaig _ _ _ _ _ _ ar mo dheartháir

c. Tá _ _ _ _ _ glasa agam

d. Tá _ _ _ _ _ _ dhubh air agus tá súile _ _ _ _ _ aige

e. Caitheann mo dheirfiúr _ _ _ _ _ _ _ _

f. Tá _ _ _ _ _ _ ghearr ar mo mháthair

2. Break the flow

a. Tágruaigruaorm

b. Tásúileglasaagam

c. Tásúilegormaaige

d. Tágruaigchatachdhubhair

e. Caitheannséspéaclaí

f. Tágruaigfhadauirthiagustásúilegormaaici

g. Tásúileglasaaiciaguscaitheannsíspéaclaí

3. Arrange in the correct order

Tómas is ainm dom	1
Tá mé aon bhliain déag d'aois	
Rugadh mé ar an tríochú lá de Mhárta	
Ta gruaig fhionn ghearr orm	
Is Éireannach mé	
Tá gruaig dhubh air agus tá súile gorma aige	
Tá sé cúig bliana déag d'aois	
Rugadh é ar an séú lá is fiche de Bhealtaine	
Tá deartháir agam	
Tá súile donna agam	

4. Spot the intruders – Identify the word in each sentence the speaker is NOT saying

a. Tá gruaig dhonn fhada orm

b. Tá gruaig rua ghearr uirthi

c. Tá gruaig fhionn chatach ar mo chara

d. Níl gruaig dhubh fhada ar chara liom

e. Tá gruaig ildaite chatach ar mo dheirfiúr

f. Tá gruaig fhionn fhada ar m'athair

5. Listen, spot and correct the errors

a. Sinéad is ainm di

b. Tá mé deich bliana d'aois

c. Is Spáinneach mé

d. Rugadh mé ar an gcúigiú lá déag d'Aibreán

e. Tá gruaig dhubh fhada orm

f. Tá súile glasa orm

g. Tá mo chara trí bhliain déag d'aois

h. Tá gruaig rua ghearr uirthi agus tá súile donna uirthi

i. Tá súile gorm aige

6. Fill in the blanks

a. Tá gruaig _ _ _onn _ _ada orm

b. Tá gruaig _ _onn _ _ _arr orm

c. Tá súil_ glas_ agam

d. Tá súil_ don_ _ agam

e. Tá s_ _ _e gor_ _ ag_

f. Ní chaith_ _ sp_acla_

g. Níl croim_ _ _ o_ _

h. Tá f_as_ _ o_m

i. Tá croiméal _ _ mo _ _earthái_

j. Tá súil_ gorm_ a_ mo _ _eirfiúr

7. Faulty translation: spot the translation errors and correct them

a. I am fourteen years old

b. I was born on the 14th of June

c. I have two brothers

d. I have brown curly hair

e. I have blue eyes and I wear glasses

f. My brother's name is Paraic. He is eighteen years old

g. He was born on the 20th of July

h. He has blonde curly hair

i. He has green eyes and he wears glasses

j. He has a moustache

8. Spot the missing words and write them in

Daithí is ainm. Tá gruaig fhionn fhada orm agus súile agam. Máire is ainm do mháthair. Tá gruaig ildaite chatach agus tá súile glasa aici. Mícheál is ainm m'athair. Tá dhubh ghearr air agus tá súile aige. Caitheann spéaclaí. Níl croimeál ach tá air. Laura ainm do mo dheirfiúr. Tá gruaig rua uirthi agus tá súile donna. Tá deartháir agam. Pól is ainm. Tá gruaig dhubh air agus tá glasa aige. chaitheann sé spéaclaí.

9. Listen, spot and correct the grammar/spelling errors

a. Mícheál ainm dom

b. Tá mé trí bhliain déag d'aois

c. Tá gruaig fionn fada agam

d. Tá súile donn orm

e. Caitheann mé spéaclaí

f. Pól is ainm do mo deartháir

g. Tá mé ceithre bhliana déag d'aois

10. Listen and fill in the grid

	Hair	Eyes	Wears glasses
Jim			
Pat			
Nora			
Polly			
Martina			

11. Translate the ten sentences you hear into English

a.

b.

c.

d.

e.

f.

g.

h.

i.

j.

12. Narrow listening - Gapped translation

My _____ is Úna and I am ____ years old. I was born on the _____. There are _____ in my family: my father, _____, my two _____ and me. My mother has _____ curly hair. She has _____ eyes. My father has _____ short hair. He has _____ eyes. My two sisters have _____ straight hair. They have _____ eyes. I have brown _____ hair. I used to have _____ hair.

13. Listening slalom: follow the speaker from top to bottom and number the boxes accordingly

Franc	Annie	Caoimhín	Máire	Joe
My name is Franc (1)	My name is Annie	My name is Caoimhín	My name is Máire	My name is Joe
I am English	**I am Irish (1)**	I am Spanish	I am German	I am American
but I live in Italy	but I live in France	but I live in America	**but I live in England (1)**	but I live in Ireland
I have a brother	I have two brothers	**I have no brother (1)**	I have one sister	I have a brother and a sister
I have blonde short straight hair	I have brown short long hair	I have red long **long hair (1)**	I have black curly hair	**I have brown (1)** straight hair
I have blue eyes (1)	I have brown eyes	I have green eyes	I have brown eyes	I have blue eyes

14. Fill in the grid

Name	Age	Birthday	Siblings	Hair	Eyes
Marc	12	13th of August	one brother one sister	blonde, short, curly	brown
Andrea		20th of June		brown, long	
Aindriú	16		two brothers		blue
Éabha		8th of March		brown, short	
Máire	11		one brother		green
Caitríona		19th of May		black, short, curly	

UNIT 3 - DECODING SKILLS

1. What are the words? Listen to the recording and write the letters you hear and mark the box if they are used for hair or for eyes

a. _ _ _ _ _   H ☐   E ☐

b. _ _ _ _ _   H ☐   E ☐

c. _ _ _ _ _ _   H ☐   E ☐

d. _ _ _ _ _   H ☐   E ☐

e. _ _ _ _   H ☐   E ☐

f. _ _ _ _ _   H ☐   E ☐

2. Complete the words

a. Glas__

b. D__ubh

c. Gor__a

d. … is ainm __ __ m

e. S__il__

f. Cúig __lian__

g. D'__o__s

h. Gruaig __ __ion__

i. Súil__ donn__

j. Ruga__ __

3. Tick the correct box whether the réamhfhocal is used for descrbing hair or eyes

	Gruaig	Súile
a.		
b.		
c.		
d.		
e.		
f.		
g.		
h.		

4. Faulty echo – what was different the second time you heard the word?

a. Glas

b. Dubh

c. Fhionn

d. Chatach

e. Gorma

f. Dhíreach

g. Dhubh

h. Donna

i. Ghearr

5. Spot the pronunciation errors

a. Tá gruaig dhonn orm

b. Tá súile gorma agam

c. Tá gruaig fhionn chatach orm

d. Ta súile glasa agam

e. Ní chaithim spéaclaí

f. Tá deirfiúr agam

g. Tá sí seacht mbliana déag d'aois

h. Tá sí tríocha bliain d'aois

i. Tá súile donna aige

j. Tá súile glasa agat

6. Track the sounds – Listen and write down how many times you hear the sounds 'á' 'seimhiú' and 'dh' in each of the descriptions below

'á'	
séimhiú	
'dh'	

UNIT 4 – SAYING WHERE A PERSON IS FROM AND LIVING

1. Fill in the blanks

a. Dia duit. Daithí is ainm dom. Tá _____ orm i dteach _____ i lár an bhaile

b. Haigh, conas atá tú? Cónaill is ainm _____. Tá cónaí _____ i dteach beag ar an _____

c. _____ _____ a bhfuil tú? Tá cónaí orm _____ dteach galánta agus is _____ Maigh Eo _____

d. Dia _____. Gearóid is ainm dom. _____ as Uibh Fháilí i _____ _____ _____ dom

e. Conas atá _____? Is as Gaillimh _____ mo _____ agus tá cónaí _____ i dteach gránna ar _____ an bhaile

f. ____ _____. Bríd is _____ dom. Tá cónaí orm i _____ _____ i lár an bhaile le mo _____

2. Multiple choice quiz: select the correct location

	a	b	c
John	Luimneach	Gaillimh	Laois
Seán	Corcaigh	An Lú	Cill Chainnigh
Pól	Doire	Dún na nGall	An Cabhán
Peadar	Cill Dara	Ceatharlach	Sligeach
Siobhán	Maigh Eo	Ciarraí	Uibh Fháilí
Annie	An Clár	An Mhí	An Iarmhí
Paraic	Tír Eoghain	An Dún	Baile Átha Cliath
Mícheál	Cill Mhantáin	Loch Garman	Liatroim

3. Spot the intruders – Identify the words the speaker is NOT saying

Dia duit. Seosamh is ainm dom. Tá mé aois trí bliana déag d'aois agus tá cónaí orm i dteach mór galánta ar an gcósta. Is as Dún na nGall, in oirthuaisceart na hÉireann dom. Tá ceathrar daoine i mo theaghlach. Tá m'athair mbliana seacht mbliana is tríocha d'aois agus tá na súile gorma aige. Tá mo mháthair is daichead bliain d'aois agus tá gruaig chatach uirthi.

4. Geographical mistakes: listen and correct

a. Nancy is ainm dom agus is as Baile Átha Claith, i dtuaisceart na hÉireann, dom.

b. Séamus is ainm dom agus is as an gClár, i lár na tíre, dom.

c. Aodhán is ainm dom agus is as Dún na nGall, in iarthar na hÉireann, dom.

d. Cian is ainm dom agus is as Laois, i ndeisceart na hÉireann, dom.

e. Eimear is ainm dom agus is as Cill Chainnigh, in oirthuaisceart na hÉireann, dom

f. Órla is ainm dom agus is as Doire, in iardheisceart na hÉireann, dom.

5. Spelling challenge: which place names are being said? Fill in the grid

a.	
b.	
c.	
d.	
e.	
f.	
g.	

THE LANGUAGE GYM

6. Faulty translation: spot the translation errors and correct them

My name is Maya. I am Irish. I am thirteen years old. I am from Kildare, in the east of Ireland. I have blue eyes. I have blonde short curly hair. I live with my father and with my four brothers, Seán and Paraic. I live in a big apartment in the town centre. The house is in a new building. My mother lives in a big house on the coast. He lives in a beautiful big house.

7. Spot the missing words and write them in

a. Is as Laois i lár tíre dom. Tá cónaí orm dteach beag i lár an bhaile.

b. Is an Lú, in oirthear na hÉireann. Tá cónaí orm i dteach gránna imeall an bhaile.

c. Is as Cill Chainnigh, in oirdheisceart hÉireann, dom. Tá orm in árasán mór ar gcósta.

d. as Tír Eoghain, i dtuaisceart na hÉireann dom. Tá cónaí i dteach galánta i an bhaile.

8. Complete the grid in English, as shown in the example

Name	County	Type of accommodation	Accomadation location	Two details about the accomadation
a. Ana	Roscommon	House	Town centre	Big / Ugly
b.				
c.				
d.				
e.				
f.				
g.				
h.				

9. Narrow listening - Gapped translation

My name is Julian. I am _____ years old and my birthday is on _____ of August. I _____ _____ Dublin, in the _____ of Ireland. I live in an _____ building on the _____ _____ _____. I have two _____ whose names are Marta and Sorcha. Marta is _____ years old. Sorcha has _____ hair and she has _____ eyes. My friend is from _____ but she lives in the east of _____ like _____. She lives in a modern _____ in the _____ _____. She lives in a _____ flat.

10. Listening slalom: follow the speaker from top to bottom and number the boxes accordingly

Órla	Aoife	Liam	Ciara	Noelle
I am from Antrim (1)	I am from Westmeath.	I am from Laois but	I am Irish but	I am from Carlow but
I live in Spain.	I live in Longford.	I live near Mullingar.	I live in Kilkenny.	**near Belfast. (1)**
I am 12 years old and	**I am 15 years old and (1)**	I am 14 years old and	I am 16 years old and	I am 13 years old and
I live in a big house	I live in a small house	I live in a small house	**I live in a small flat (1)**	I live in a flat
in a modern building. (1)	that is in an old building.	that is in the town centre.	on the edge of town.	on the coast.
I like my house	**My flat is ugly (1)**	My house	My flat is small	My house is ugly
and beautiful.	but big.	**and small. (1)**	is modern.	because it is big.

11. Narrow listening: fill in the grid as shown in the example (Marc)

Name	Age	Birthday	Town	Accommodation	Description	Location
Marc	14	*20th May*	*Kilarney*	*House*	*Big*	*Coast*
Franc						
Aisling						
Siobhán						
Máire						
Síle						

UNIT 4 - DECODING SKILLS

1. Listen to the two pairs and explain the difference in pronunciation in your own words

English	Irish
a. Roscommon	Ros Comáin
b. Laois	Laois
c. Mayo	Maigh Eo
d. Tyrone	Tír Eoghain
e. Meath	An Mhí
f. Longford	Longfort
g. Kerry	Ciarraí
h. Sligo	Sligeach

2. Complete the words

a. C__sta

b. Im__ __ll

c. Ár__s__n

d. Te__c__

e. Gal__n__a

f. B__ __g

g. __rá__ __a

h. M__r

i. Nu__-aim__ea__th__

j. Seanf__ __irgn__a__h

3. Write out the counties that are being said

a. _ _ _ _ _ _ _ _ _ _

b. _ _ _ _ _ _ _ _ _

c. _ _ _ _ _ _ _ _ _

d. _ _ _ _ _ _ _ _ _ _ _ _ _ _ _ _ _

e. _ _ _ _ _ _ _ _ _

f. _ _ _ _ _

g. _ _ _ _ _ _ _ _ _

h. _ _ _ _ _ _ _ _ _ _ _ _ _

4. Faulty echo - Spot the differences

a. I dteach

b. Ar an gcósta

c. Ar imeall an bhaile

d. Seanfhoirgneamh

e. In oirthear na hÉireann

f. I gCúige Mumhan

g. I gCúige Chonnacht

h. I lár na tíre

5. Spot the errors

a. Tá cónaí orm i teach mhór

b. Tá cónaí orm i árasán beag

c. Is as an Clár dom

d. Is as Cill Dara, i deisceart na tíre, dom

e. Tá cónaí orm i dteach i seanfoirgneamh

f. Tá cónaí orm ar an cósta

g. Is an Liatroim dom

h. Tá cónaí orm in árasán i bhfoirgneamh nuaaimseartha

6. Track the sound – Listen and write down how many times you hear the impact of an 'urú', 'á and an aidacht in each of the descriptions below

	Urú	á	Aidiacht
a.			
b.			
c.			

UNIT 5 – TALKING ABOUT FAMILY MEMBERS

1. Fill in the blanks

a. Tá c__ige__r i m__ the__gh__ach

b. Tá mo d__earth__ir sé __li__na is fi__he d'a__is

c. Réit__m g__ mait__ le mo m__át__air

d. T__ sé o__ht m__liana is da__chea__ d'aoi__

e. Ní r__itím go __ __ __ __ __ le m'__nc__il

f. Tá __í dh__ b__lia__n is se__sc__ d'a__is

g. __éití__ go __aith l__ mo c__ol c__ath__ar

2. Break the flow

a. Támaintínceithreblianaiscaogad'aois

b. Támomháthairtríblianaistríochad'aois

c. Tácaraliomdeichmblianad'aois

d. Támodheirfiúrcúigblianadéagd'aois

e. Táméséblianadéagd'aois

f. Réitímgomaithlemodheartháirníosóige

g. Tácúigearimotheaghlach

3. Multiple choice quiz: select the correct age

	1.	2.	3.
a. Jamie	40	50	60
b. Susan	90	80	70
c. Séamus	30	40	60
d. Pól	60	70	100
e. Marina	36	46	56
f. Colm	65	85	95
g. Éamon	33	63	73
h. Peadar	71	21	41
i. Máirtín	57	67	47

4. Spot the intruders - Identify the word(s) or letters in each sentence the speaker is NOT saying

a. Tá ceathrar daoine i mo theaghlach

b. Ní réitím mé go maith le m'uncail

c. Rosie is ainm do mo aintín

d. Tá sé seacht mbliana is déag d'aois

e. Tá cúigear i sa teaghlach

f. Réitím mé go maith le mo theaghlach

5. Listen, spot and correct the errors

a. Tá mé ceithre bhliain is caoga d'aois

b. Tá cúig i mo theaghlach

c. Séamus is ainm do mo seanathair

d. Réitím mé go maith leis mo dheartháir

e. Colin is ainm do mo dheirfiúr níos sine

f. I mo theaghlach, tá mo thuismitheoirí agus mo dheartháireacha

g. Tá m'aintín seachtó bliana d'aois

6. Complete the words then write the age it refers to in brackets

(Example) Cúig bliana déag (15)

a. Ceit__r__ bli__na is f__che

b. Sé blia__ __ is c__o__a

c. D__á b__li__in i__ tr__och__

d. C__a__ blia__n

e. N__ __ i __bli__n __d__a__

f. Tr__ b__ia__a i__ f__c__e

g. Se__ch__ m__li__na is __cht__

7. Faulty translation: spot the translation errors and correct them

a. My name is Aoife. I am 16 years old

b. I have long blond hair

c. I have blue eyes

d. In my family, there are 4 people: my father, my mother, my cousin, my brother and I

e. My father is 54 years old, my mother is 34 years old and my sister is 9 years old

f. My aunt's name is Rachel. My aunt is 51 years old

g. My grandparents are 80 years old

h. My grandfather is 76 years old

i. I have blue eyes and I wear glasses

8. Spot and write in the missing word(s)

a. Paraic ainm dó

b. Is Éireannach

c. Tá súile gorma mo dheartháir

d. Rugadh mé ar gcúigiú lá Nollaig

e. Tá cúigear i theaghlach

f. Tá m'aintín sé bliana daichead d'aois

g. Caitheann spéaclaí

h. Tá gruaig fhada air

i. Tá gruaig ghearr ort

j. Tá féasóg chara liom

9. Listen, spot and correct the errors

a. Tá súile gorm ag m'athair

b. Tá sé cúig bhliain is fiche d'aois

c. Rugadh mé ar an céad lá d'Fheabhra

d. Roibeárd is ainm do mo uncail

e. Níl croiméal ag m'athair

f. Tá m'aintín ocht bliana is caoga d'aois

g. Tá gruaig catach uirthi

h. Tá gruaig rua agam

i. Réitím mé go maith le mo chol ceathrar

10. Fill in the table

	Father's age	Mother's age	Sibling's age
a. Alex	56	48	18
b. Pól	43		15
c. Nina		51	
d. Dylan	55		
e. Michelle		68	
f. Marta			10

11. Translate the ten sentences you hear into English

a.

b.

c.

d.

e.

f.

g.

h.

i.

j.

12. Narrow listening: Gapped translation

My _____ is Paraic. I am from the _____ of Ireland. I am _____ years old. I was born on the _____ of _____. I have _____, short and _____ hair. I have _____ eyes. There are _____ people in my family: my father, my _____ and my two sisters. My older sister is _____ years old. My younger sister is _____ years old. I _____ _____ _____ with my parents. My _____ lives with us. He is _____ years old. I get along _____ with him.

13. Listening slalom: follow the speaker from top to bottom and number the boxes accordingly

Elena	Colm	Molly	Jackie	Jane
My name is Elena	My name is Colm	My name is Molly	My name is Jackie	My name is Jane
I am 17 years old	**I am 16 years old**	I am 20 years old	I am 11 years old	I am 30 years old
I was born on the 25th October	I was born on the 20th June	**I was born on the 31st December**	I was born on the 15th March	I was born on the 7th January
My mother is 50 years old	**My mother is 48 years old**	My mother is 44 years old	My mother is 39 years old	My mother is 62 years old
My father is 49 years old	My father is 43 years old	My father is 53 years old	My father is 64 years old	**My father is 52 years old**
My grandad is 81 years old	My grandad is 75 years old	**My grandad is 76 years old**	My grandad is 73 years old	My grandad is 90 years old
My grandmother is 68 years old	My grandmother is 80 years old	My grandmother is 81 years old	My grandmother is 72 years old	My grandmother is 79 years old

14. Narrow listening: listen and fill in the missing details on the grid

Name	Age	Birthday	Family size	Older sibling's age	Mother's age	Father's age
a. Eoghan		20th June		16		41
b. Úna	14		4			44
c. Riain		15th Sept			43	
d. Saoirse	13		5		39	
e. Róisín	28			31		55

UNIT 5 - DECODING SKILLS

1. Complete with the missing letters

a. Tá c__naí o__m ar ime__ll __n bh__ile

b. Is __s G__ill__m __ d__m

c. __á có__a__ a__r i d__eac__ m__r

d. T__ có__aí o__t i__ á__as__n

e. Tá grua__g r__a an-g__ea__r or__

f. Tá m'__th__ir oc__t __bli__na is c__og__ d'__ois

g. Máiréad is __inm d__ m__ m__áth__ir

h. Ruga__h mé ar a__ tr__ú l__ d'Í__il

i. Réit__m go ma__th l__ m__ t__eaghl__ch

2. Listen to the lists below. What differences do you notice between the way the words are said?

	1	2
a.	An baile	Imeall an bhaile
b.	Dubh	Gruaig dhubh
c.	Céad	Ar an gcéad
d.	Deirfiúr	Mo dheirfiúr
e.	Caitheann	Ní chaitheann
f.	Meitheamh	De Mheitheamh

3. Write out each word below exactly as YOU hear it. How do you interpret the sounds?

a. D'Iúil =

b. Árasán =

c. Féasóg =

d. Croiméal =

e. Súile =

f. Aintín =

g. Máthair =

h. Spéaclaí =

4. Faulty echo - Spot the differences

a. Ar imeall an bhaile

b. Rugadh mé ar an gceathrú lá d'Eanáir

c. Tá cónaí orm in árasán mór

d. Tá mé trí bliana is fiche d'aois

e. Róisín is ainm do m'aintín

f. Tá cúigear i mo theaghlach

g. Réitím go maith le mo dhearthair níos sine

h. Tá cónaí ar chara liom i lár an bhaile

5. Listen and rewrite the phrases below correctly based on what you hear

a. Ar an cósta = Ar an gcósta

b. Ar an fichiú lá d'Aibreán = _____

c. Mo athair = _____

d. Gruaig fionn = _____

e. I árasán galánta = _____

f. I mo teaghlach = _____

g. Súile gorm = _____

6. Dictation – write out the sentences in Irish

a. _____

b. _____

c. _____

d. _____

e. _____

f. _____

g. _____

UNIT 6 – DESCRIBING MYSELF AND ANOTHER FAMILY MEMBER

1. Multiple choice quiz – select which adjective you hear

		1	2	3
a.	My father is a … person	generous	fun	fit
b.	My mother is a … person	fat	small	slim
c.	My older sister is a … person	short	fat	slim
d.	My younger sister is a … person	tall	short	pretty
e.	My brother is a … person	chatty	unfriendly	friendly
f.	My cousin Cormac is a … person	unfriendly	strong	boring
g.	My cousin Marta is a … person	bad	inquisitive	hard-working
h.	My grandad is a … person	strong	funny	stubborn
i.	My grandmother is a … person	generous	good	fun
j.	My friend is a … person	mean	fat	fit

2. Split sentences: listen and match

a. Jamie	1. Fun
b. Sharon	2. Nice
c. James	3. Short
d. Peadar	4. Tall
e. Marina	5. Good-looking
f. Colm	**6. Bad**
g. Enya	7. Fit
h. Pól	8. Generous
i. Ríona	9. Stubborn
j. Isobel	10. Strong

3. Spot the intruders - Identify the word in each sentence the speaker is NOT saying

a. Is duine an-dathúil í Aoife

b. Is tá duine deas é Cormac

c. Is duine ionraic sé é Jeaic

d. Ní níl duine olc é mo Dhaid

e. Is duine fíorchneasta í mo leathchúpla

f. An duine gránna é mo dheartháir Harry?

g. Ní duine cainteach mise í mo Mham

4. Spot the differences and correct your text

a. Is duine deas thú

b. Ní duine tanaí í mo dheirfiúr

c. An duine ionraic é mo dheartháir níos sine?

d. Is duine ramhar mé

e. Is duine cairdiúil í mo chara Aisling

f. Is duine díograiseach í mo mháthair

g. Ní duine íseal é mo leathchúpla

h. Ní duine aclaí é m'athair

5. Categories - Listen to the words below and classify them as positive and negative

Aidiachtaí dearfacha	Aidiachtaí diúltacha

6. Faulty translation: spot and correct the translation errors

a. My name is John. I am 16 years old. I have brown hair and I have green eyes. I am a fit, tall and handsome person. I am a friendly, chatty and quite generous person

b. My mother's name is Patrice. She is fifty years old. She is a short, slim and very funny person. She is a generous but a chatty person

c. My father's name is Robert. He is 42 years old. He is not a tall person. He is a strong person. He is a fun and friendly person

d. My sister's name is Caoimhe. She is 17 years old. She is a tall and slim person. She is an unfriendly person but she is not a bad

7. Spot the missing words and write them in

a. Is duine ionraic m'athair

b. duine láidir é mo dheartháir

c. Is duine maith mo dheirfiúr

d. Ní duine fiosrach í aintín

e. Is olc thú

f. An duine í?

g. Is duine dathúil í mo

8. Listen and complete with either é or í

a. Is duine deas __ m'athair

b. Is duine ard __ mo sheanathair

c. An duine ionraic __ m'uncail?

d. Ní duine deas __ mo chara Eibhlín

e. Is duine ard __ mo dheartháir níos óige

f. Ní duine tanaí __ m'aintín

g. An duine olc __ Paraic?

h. Ní duine gránna __ mo sheanmháthair

i. Is duine ceanndána __ Lucy

9. Listen and fill in the grid

Person	Description
a. My father is a ... person	
b. My mother is a ... person	
c. My sister is a ... person	
d. My brother is a ... person	
e. My cousin Marc a ... person	
f. My twin sister is a ... person	
g. My grandfather a ... person	
h. My grandmother a ... person	
i. My friend Máire a ... person	

10. Translate the ten sentences you hear into English

a.
b.
c.
d.
e.
f.
g.
h.
i.
j.

11. Narrow listening: gapped translation

My name is Paraic. I get on well with my _____. I have two brothers and one _____. My older brother is a very tall, _____, honest, _____ and chatty person.

My younger brother is a kind _____. He is a nice, _____, genereous, _____, hard-working person. My sister is a _____ and very_____ person. My _____ is _____ years old. Her name is Ellen. She is a tall, _____, pretty and very _____ person.

12. Listening slalom: follow the speaker from top to bottom and number the boxes accordingly

Sinéad	Nina	Mandy	Caoimhín	Ana
My name is Sinéad	**My name is Nina**	My name is Mandy	My name is Caoimhín	My name is Ana
I am 13 years old	I am 15 years old	I am 18 years old	**I am 17 years old**	I am 12 years old
I am not a tall person	I am a tall and fat person	**I am a tall and slim person**	I am not a small person	I am a short and slim person
My older sister is a short and very pretty person	My older brother is a short and slim person	My younger brother is a short and slim person	My older sister is a short and slim person	**My brother is a tall person**
I get along well with him	I get along well with her	I get along well with her	I get along well with him	I don't get along well with him
because she is a fun	because he is a nice and chatty person	because he is a mean	because she is a generous	**because he is a nice person**
and funny person	and kind person	**Also, he is a very generous and kind person**	Also, he is a very funny person	and stubborn person

13. Narrow listening: fill in the grid

Name	Name of older sibling	Age of older sibling	Birthday of older sibling	Character of older sibling	Appearance of older sibling
a. Fiona					
b. Andrea					
c. Sinéad					
d. Abbie					

UNIT 7 – TALKING ABOUT PETS

1. Multiple choice quiz

		1.	2.	3.
a.	At home, I have…	four pets	two pets	five pets
b.	I have a…	turtle	dog	cat
c.	My brother has a…	turtle	fish	parrot
d.	My older sister has a…	rat	rabbit	duck
e.	My younger sister has a…	mouse	fish	horse
f.	My mother has a…	cat	dog	parrot
g.	My father has a…	bird	horse	dog
h.	My grandparents have two…	dogs	fish	rabbits
i.	My friend has a…	spider	dog	snake
j.	My uncle has a…	fish	cat	hamster

2. Split sentences - listen and match

a. Aindriú	1. A dog
b. Siobhán	2. A rabbit
c. Caoimhe	3. A parrot
d. James	4. A fish
e. Filip	5. A cat
f. Padraic	6. A horse
g. Julia	7. Two dogs
h. Vikki	8. Two turtles
i. Ciarán	9. Two mice
j. Sorcha	10. A mouse

3. Spot the intruders - Identify the word in each sentence the speaker is not saying

a. Tá capall bán ag mo chara

b. Sa bhaile, níl trí luch aige

c. Ba mhaith piongain bhán a bheith agam

d. Níl alpaca ór ag mo dheatháir Pól

e. Níor mhaith nathair ghorm a bheith aici

f. Tá coinín an-torannach aige

g. Tá cat sách gleoite ag mo chol ceathrar

4. Spot the differences and correct your text

a. Sa bhaile, tá iasc agam

b. Níl madra gránna aici

c. Tá madra mór darb ainm Ted ag Paraic

d. Níl muc ghuine rua ag mo Dhaid

e. Ba mhaith lacha oráiste a bheith agam

f. Níor mhaith nathair mhór a bheith aige

g. Sa bhaile, níl éan gleoite ag mo chara

h. Tá cat buí agam sa bhaile

5. Categories - Listen to the sentences and write in any nouns or adjectives you hear into the table

Ainmhithe (Animals)	Aidiachtaí (Adjectives)

6. Spot the missing words and write them in

Orlagh ainm dom. Is maith liom peataí. bhaile, tá dhá mhadra agam. Tá madra dubh agam darb ainm Rossy agus tá madra beag agam darb ainm Coco. Tá Rossy ceithre d'aois agus tá Coco seacht d'aois. Réitíonn siad go maith le chéile. Tá amháin agam freisin. Lucky is ainm. Is cat torannach agus í Lucky. Tá Lucky bhliain

7. Fill in the blanks

Sa bhaile, tá trí _____ agam darb ainm Jay, Jeb agus Jake. Chomh maith _____ sin, tá muc ghuine _____ agam darb _____ Rod. Tá Rod dhá _____ d'aois. Ba mhaith luch gleoite, _____ agus bán a _____ agam ach tá _____ mór ag mo _____ níos _____. Is cat _____ agus _____ é Whiskey.

8. Faulty translation: correct the translation

My name is Roisteárd. I am fifteen years old and live in Cork. There are five people in my family: my parents, my older brother, Briain and myself. Briain is twelve years old and he is a very fit person. I have three pets: a parrot who is called Leo, a cat who is called Pebbles and a rat who is called Angie. Leo is a talkative turtle. Pebbles is a fat dog and Angie is a cute rat.

9. Listen and fill in the grid

	Description
a. My father has a	
b. My mother has a	
c. My sister has a	
d. My brother has a	
e. My cousin Cathal has a	
f. My cousin Amy has a	
g. My grandad has a	
h. My grandmother has a	

10. Translate the sentences into English

a.
b.
c.
d.
e.
f.
g.
h.
i.

11. Sentence puzzle - rewrite correctly

a. bán Sa tá mo madra dheirfiúr bhaile, ag

b. bheith Ba cat chara gleoite a mhaith ag mo

c. mhaith m'uncail bheith lacha ghorm a ag Níor

d. dheartháir ná éan sine ag mo Níl francach níos

e. damhán agam Ba alla gránna mhaith a bheith

f. Ted darb ainm aici capall Tá

12. Narrow listening: gapped translation

My name is _____. I am _____ years old and I _____ in _____. There are _____ people in my family: my _____, my mother, my _____ brother, my _____ and I. We have a few _____. Firstly, we have a _____ dog whose name is Maximus. He is a _____ and friendly dog. He is a very _____ dog and eats _____. We also have a _____ whose name is Leo. Leo is a small, green and _____ turtle. Finally, we have a _____ whose name is Charlie. He is a _____ and funny horse. He is a red, _____ and _____ horse. I love my _____.

13. Listening slalom: follow the speaker from top to bottom and number the boxes accordingly

a.	b.	c.	d.	e.
My grandparents have	I have	**We have three**	My friend has	My friend has
six pets at home.	**pets at home.**	four pets at home.	one pet at home.	five pets at home.
He has a big cat	I have two black dogs	They have a blue fish,	She has three white guinea pigs	**I have a small**
green turtle	a big brown dog	Jess is a black	a yellow bird	a yellow bird,
a very cute guinea pig and	**a cut fat dog**	which is chatty and funny	very ugly	a very fat duck
a fun white mouse	and a very cute rabbit	and unfriendly cat	and two pretty cats	**and a gold fish**

14. Narrow listening: fill in the grid

Name	Age	Physical	Character	Type of pet	Pet description (3 details)
a. Clodagh					
b. Máire					
c. Peadar					
d. Eoghan					

UNIT 8 – TALKING ABOUT JOBS

1. Multiple choice quiz: select the correct job

	1	2	3
a. Eva	Accountant	Nurse	House-wife
b. Róisín	Lawyer	Farmer	Mechanic
c. Pól	Engineer	Hairdresser	Doctor
d. Paraic	House-husband	Singer	Cook
e. Aoife	Server	Receptionist	Guard
f. Ana	Farmer	Guard	Doctor
g. Máire	Server	Manager	House-wife
h. Sam	Lawyer	Teacher	Mechanic
i. Tomás	House-husband	Singer	Manager
j. Lucy	Teacher	Doctor	Farmer

2. Listening for detail: Did you hear a positive or negative description?

	POSITIVE	NEGATIVE
a.	Éasca	Crua
b.	Sásúil	Leadránach
c.	Taitneamhach	Strusmhar
d.	Suimiúil	Gnóthach
e.	Sásúil	Deacair
f.	Éasca	Leadránach
g.	Sásúil	Dúshlánch
h.	Taitneamhach	Crua
i.	Suimiúil	Gnóthach

3. Split sentences - Listen and match

1. Ina	a. A nurse
2. Siún	b. A business person
3. Oisín	c. A doctor
4. Fiona	d. A server
5. Ciara	e. A guard
6. Elisha	f. A hairdresser
7. Caitlín	g. A teacher
8. Stella	h. A builder
9. Adam	i. A factory worker
10. Janet	**j. A house-wife**

4. Spot the intruders: identify the words the speaker is NOT saying

Patrice is ainm dom agus tá cúigear i mo theaghlach. Tá m'athair cúig bliana is daichead d'aois agus oibríonn sé mar thógálaí sa chathair. Is garda í mo mháthair agus is breá léi a post mar go bhfuil sé suimiúil agus éasca. Tá beirt deartháireacha agam agus is oibrí monarchan é Colin ach oibríonn mo dheartháir eile Seosamh mar dhuine gnó. Is fuath le Colin a phost mar go bhfuil sé gnóthach an t-am ar fad ach is aoibhinn le Seosamh a phost. Oibríonn sé in oifig ar imeall an bhaile. Is múinteoir mé agus is breá liom mo phost mar go bhfuil sé taitneamhach agus sásúil.

5. Listen, spot and correct the errors

Aindriú is ainm dom agus tá seachtar i mo theaghlach. Is breá liom mo sheanmháthair. Is duine fíorchneasta agus greannmhar í. Is gruagaire í agus oibríonn sí sa chathair. Is fuath le m'athair a phost mar go bhfuil sé gnóthach gach lá. Oibríonn mo mháthair mar fhreastalaí i mbialann agus is aoibhinn léi a post. Tá dhá choinín againn sa bhaile. Joey agus Hoppie is ainm dóibh.

6. Categories - Listen to the six sentences and classify the words you hear as jobs (postanna) and adjectives (aidiachtaí)

POSTANNA (Jobs)	AIDIACHTAÍ (Adjectives)

7. Spot the missing words and write them in

GiollaÍosa is ainm dom agus tá ceathrar i theaghlach. Liam is ainm do m'athair agus dochtúir. Oibríonn sa chathair agus is breá a phost go bhfuil sé sásúil. Uaireanta, is fuath leis phost mar go sé strusmhar. Annie is ainm mháthair. Is bainisteoir agus sí in oifig óstán. maith a post mar go mbíonn sách uaireanta agus leadránach eile.

8. Faulty translation - correct the errors

My name is Roibeárd. I am twenty three years old and I live in Donegal. There are five people in my family. I have a very big dog called Pappy. My father works as a teacher in the town centre. He hates his job because it is busy. My mother is a factory worker. She likes her job because it is enjoyable and easy. She works in a hotel.

9. Listen and fill in the grid

Person	Job
My father	
My mother	
My older brother	
My younger brother	
My sister	
My best friend	
My cousin	
My grandad	

10. Translate the sentences into English

a.

b.

c.

d.

e.

f.

g.

h.

i.

j.

11. Listen, spot and correct the errors

a. Is dochtúir í mo deartháir

b. Oibríonn mo mháthair mar múinteoir

c. Garda é cara le mé

d. Oibríonn mo dheirfiúr bean an tí

e. Ní gruagaire í mo chol ceithre

f. Oibríonn mo dlúthchara mar feirmeoir

g. Ní daoine gnó é cara liom

h. Ní oibríonn mo athair mar altra

12. Narrow listening - Gapped translation

My _____ is Teresa. There are _____ _____ in my family. My _____'s name is Ciarán. He is a _____ and _____ person. He works as a _____. He loves his job because it is _____. My mother is a _____.

She does not _____ her job because it is _____. She would like to be a _____ because it is _____ and she is a very _____ person. My two _____ do not _____ because they are too _____. I am a _____ and I _____ in the _____. I _____ _____ my _____ because it is _____ and _____.

13. Listening Comprehension – listen and answer the questions about Valeria and Filip

TEXT 1: Valerie		TEXT 2: Filip	
Her father's job:		His father's job:	
What does her father think about his job?		What does his father think about his job?	
What job does Valeria's mother work as?		What job does his mother work as?	
What does her mother think about her job?		What does his mother think about her job?	
What job does Valeria want to do one day?		What job does Filip want to do one day?	
Why?		Why?	

14. Fill in the grid

Name	Age	Physique and trait	Father's job	Mother's job	His/Her ideal job
Nora					
Tim					
Laura					
Seán					

UNIT 9 – COMPARING PEOPLE'S APPEARANCE AND PERSONALITY

1. Multiple choice quiz: select the correct adjective

	1	2	3
a. Alex	Small	Tall	Friendly
b. Vikki	Short	Unfriendly	Young
c. Paul	Hard-working	Noisy	Relaxed
d. Úna	Fat	Slim	Handsome
e. Adina	Strong	Lazy	Stupid
f. Liam	Short	Unfriendly	Young
g. Marta	Strong	Fat	Stupid
h. Rachel	Slim	Lazy	Friendly
i. Dónal	Strong	Sporty	Serious
j. Órla	Hard-working	Noisy	Lazy

2. Listening for detail: Did you hear the adjective or the comparative form?

Adjective	Comparative
Cainteach	Níos caintí
Beag	Níos lú
Tanaí	Níos tanaí
Dathúil	Níos dathúla
Cliste	Níos cliste
Ard	Níos airde
Réchúiseach	Níos réchúisí
Láidir	Níos láidre

3. Complete with 'níos … ná' as shown in the example

a. (example) Tá mé níos **laige** ná é

b. Tá mé níos _____ ná mo dheartháir

c. Tá sé níos _____ ná í

d. Tá m'aintín níos _____ ná m'uncail

e. Tá Liam níos _____ ná mo chara

f. Tá sí níos _____ ná mé

g. Tá mo sheanmháthair níos _____ ná mo sheanathair

4. Listen and fill in the middle column with the missing information in English.
e.g. Sinéad is more kind than William

a. Síle		Alain
b. Joe		Pat
c. Órla		Aoife
d. Ciara		Ailbhe
e. Aidan		Conor
f. Julie		Declan
g. Pádraig		Sarah

5. Spot the differences and correct your text

a. Tá mé níos lú ná thú

b. Tá mo dheartháir níos sine ná mo chara

c. Níl m'fhear céile níos raimhre ná m'uncail

d. Níl mo thuismitheoirí níos óige ná mo sheantuismitheoirí

e. Níl mo mhadra níos airde ná mo chat

f. Tá mo dheirfiúr Annie níos dúire ná mo chara Pól

g. Tá mo dheartháir níos réchúisí ná m'uncail

6. Spot the missing words and write them in

Gráinne is ainm agus tá i mo theaghlach. Is spórtúla, cneasta agus cliste muid. Is dochtúir m'athair agus sé sa chathair gach. Is duine é agus tá sé ná m'uncail. Oibríonn mo mháthair fhreastalaí i mbialann. Tá sí níos díograisí gach duine eile bhialann sin. Is dathúil freisin. Is é mo dhearthair. duine láidir agus é ach sé níos láidre ná cara liom. Is duine é agus tá sé níos tanaí airde cairde eile.

7. Faulty translation: spot the translation errors and correct them

My name is Susan. There are eight people in my family. We are short, slim, weak and funny people but I am more tall than my parents. We are funny people but my sister is more friendly and more stupid than my father. I am more lazy than my older sister but she is more serious than him. My older brother is taller than my uncle but he is more noisy than me.

9. Listen, spot and correct the errors

a. Tá mo máthair níos beag ná mé

b. Níl mo athair níos réchúisí ná tú

c. Tá mo dheirfiúr níos láidir ná mo dheartháir eile

d. Tá mo sheanmháthair níos cainteach ná mo sheanathair

e. Níl mo dheirfiúr ní ceanúla ná mo chol ceathrar

f. Tá Úna níos spórtúla na Paraic

g. Tá Seán níos greannmhar ná Liam

h. Tá muid níos gránna ná siad

i. Níl Harry níos dícheallaí ná iad

j. Tá sí ní dathúil ná sé

8. Listen and complete the translation

Person	Description
a. My father is …	
b. My mother is …	
c. My older brother is …	
d. My younger brother is …	
e. My sister is …	
f. My uncle is …	
g. My grandmother is …	
h. My best friend is ….	
i. My wife is …	
j. My dog is …	

10. Narrow listening - Gapped translation

My name is Abbie. I am _____ years old. I am from Mayo but I live in _____. There are _____ _____ in my family: my parents, my _____ brothers, Carl, Lucás and me. Carl is more _____, more handsome and more _____ than Lucás but Lucás is more friendly, _____ intelligent and more _____ than Carl. My_____' names are Fred and Pauline. They are very _____ people but my father is _____ _____ than my mother. Moreover, my mother is more relaxed and more _____ than my father. I am more _____ than my father!

11. Listen and write down what order you hear each chunk of text

	My father is more funny than my mother
	Gabbi is more pretty than Ciara
	I am more sporty than my mother
1	My name is Pól
	…but Ciara is more friendly than Gabbi
	…but my father is more kind than my mother
	I am twenty years old
	My dog is more lazy than my cat
	I live with my parents and two sisters, Gabbi and Ciara

12. Answer the questions below about Erica

a. How old is she?

b. Where does she live?

c. How many people are there in the family?

d. Peadar is more _____ and more _____ than Jim.

e. Jim is more _____ and more _____ than Peadar.

f. Why does she prefer her father?

g. She is more _____ than her father.

h. Which of her pets is more lazy?

13. Listening slalom: follow the speaker from top to bottom and number the boxes accordingly

Siún	Sam	Caitlín	Adam
My mother is more (1)	My mother is more	My mother is more	My grandmother is
affectionate than my father,	**chatty than my father, (1)**	more noisy than my mother,	hardworking than my father,
more sporty than	more lazy than	**more tall than (1)**	more old than
my grandfather	me	my older sister	**my younger sister (1)**
and more	and more	**and more (1)**	and more
boring	**weak (1)**	unfriendly	intelligent than
than my older sister	my brothers	than my aunt	**than my brother (1)**

UNIT 10 – SAYING WHAT IS IN MY SCHOOLBAG/CLASSROOM

1. Multiple choice quiz - What items do they have?

	a	b	c
Riain	A red pen	A red pencil	A red rubber
Aindriú	A computer	A book	An exercise copy
Róisín	Some pens	Some green pens	Some blue pens
Gearóidín	A yellow eraser	A black page	A pink eraser
Seosamh	A purple pencil	Some blue pencils	Some green pencils
Daithí	A black pencil case	A black book	A black bag
Máire	An orange gluestick	An orange pen	An orange ruler
Cathy	A green journal	A red page	A white chair

2. Fill in the blanks

a. I mo mhála, tá _____ _____ agam

b. I mo chás, tá _____ _____ agam

c. Teastaíonn peann dearg _____

d. Teastaíonn _____ _____ ó Mháire

e. Tá _____ _____ ag Liam

f. I mo mhála, níl _____ agam

g. I mo _____, tá _____ _____ agam

h. Ní theastaíonn _____ ó _____

i. _____ leabhar _____ ag Órla

3. Listening for detail: tick which items the speaker does NOT have

Aghna	A red pencil case
	Some black pens
	A ruler
	A green eraser
	A pencil
	Some pages
Fiona	A green pencil case
	Some blue pens
	Some glue sticks
	A book
	A black pencil
	A white eraser
Dónal	A calculator
	A red ruler
	Some white books
	Some pencils
	A glue stick
	A black pen

4. Spot the differences and correct your text

a. I mo mhála, tá cóipleabhar dearg, peann glas agus dialann bhuí ann

b. I mo chás, tá leabhar dubh, cúpla peann luaidhe dearg agus níl áireamhán ann

c. Teastaíonn cúpla gliú, leabhar glas agus cás bán uaim

d. Níl cóipleabhar ag Franc ach teastaíonn cóipleabhar dearg agus bileog bhuí ó Fhranc

5. Spot the missing words and write them in

Laoiseach is ainm dom. Tá mé cúig déag d'aois agus tá orm lár na tíre. Tá seisear i theaghlach. Patrick is ainm dó agus Síle is ainm do mo. I mo sheomra, tá cúpla agus cathaoir ann. Tá agus cóipleabhar glas gach dalta. Teastaíonn agus áireamhán na daltaí gach sa rang. Tá peann dearg ag an múinteoir. I mo, tá peann corcra agus gliú agam.

6. Faulty translation: spot and correct the errors

My name is Béibhín. I am 14 years old and I live in in the south of Ireland. There are four people in my family: my father, my mother, my brother, my sister and I. We have a very funny duck too. In my classroom, there are many chairs there. There is a whiteboard, a piano and tables there also. My classroom is very small. In my case, I have a blue pen, a yellow ruler, a new eraser and a white exercise book. My friend Marc has some red pens and some purple exercise copies.

7. What does she and her friends need? Please also write the colour if it is mentioned

Person	Item
I need …	
My brother needs …	
Brónagh needs …	
Nina needs …	
Cathal needs …	
Cliodhna needs …	
Cormac needs …	
Diarmuid needs …	
Róisín needs …	
Teresa needs …	

8. Listen, spot and correct the errors

a. Teastaíonn peann uaim

b. Tá peann luaidhe ag cara liom

c. Tá mála bán agus bileog ghlas agam

d. I mo sheomra ranga, tá ríomhaire ann

e. Níl leabhar agus cás ag Seán

f. I mo chás, tá rialóir ann

g. Ni theastaíonn cathaoir ó Dhiarmuid

h. Teastaíonn clár dubh ó mo mhúinteoir

9. Narrow listening - Gapped translation

My name is Fiadha and I am _____. I am _____ years old and I live in the _____ of Ireland. There are _____ people in my family. I have a white _____ and a black _____. In my _____ _____, I have some things. I have a green _____, a yellow _____, a white _____, a black _____ and a blue _____. My _____ is a very big and _____ school. My best friend's _____ _____ Laura. She has one _____ in her pencil case: a _____. At home, she has a pet. She has a _____, yellow and blue _____ which speaks and sings.

10. Listen and arrange the information in the same order as it occurs in the text

	I don't get along well with my father
	There are four people in my family
	I like my school
1	**My name is Aodh**
	I get along well with my mother
	In my classroom, there isn't a computer there
	I am twelve years old and I live in Athlone
	I have a red school bag
	Athlone is situated in the midlands
	In my pencil case, there are some things there

11. Answer the questions below about Eoghan

a. Who is his favourite brother?

b. What do his father and mother work as?

c. What does he say about his school?

d. What is not in his classroom?

e. What 3 (different) things are there in his schoolbag?

f. What two things does he not have?

12. Listening slalom: follow the speaker from top to bottom and number the boxes accordingly

Fionn	Ciara	Amanda	Mairéad
In my pencil case (1)	In my schoolbag	In my schoolbag	In my classroom
there are	I have	**I have (1)**	there are
a diary	some things	some pencils	**a pen (1)**
some green pens	**a pencil (1)**	there are some books	a pencil case
some exercise copies	**a diary (1)**	a calculator	some blue exercise copies
an eraser (1)	a ruler	a red pencil case	a calculator
and some books there	and a page there	and a computer	**and a page (1)**

READING ALOUD – Part 1

a. Listen and 'shadow' the speaker by whispering after them, focusing on the letters underlined. Then read the text aloud to yourself.

Dia duit, Clíodhna is ainm dom. Tá mé seacht <u>mb</u>liana déag d'aois agus rugadh mé ar an <u>gc</u>úigiú lá de <u>B</u>healtaine. Tá gruaig <u>dh</u>ubh <u>ch</u>atach orm agus tá súile gorm<u>a</u> agam. Ní <u>ch</u>aithim spéaclaí. Sa <u>bh</u>aile, tá peata agam. Tá madra beag agam dar<u>b</u> ainm Ted. Is duin<u>e</u> cineálta agus deas í mo <u>mh</u>áthair. I mo <u>mh</u>ála scoil<u>e</u>, tá cúpla rud agam. Tá leabhar glas, bileog <u>bh</u>á<u>n</u>, áireamhá<u>n</u>, cúpla peann luaidhe agus dialann <u>ch</u>orca ann. Ní <u>th</u>eastaíonn rud ar bi<u>th</u> <u>u</u>aim!

b. Listen and 'shadow' the speaker - focusing on the letters underlined

Dia duit, Oisín is ainm dom. Tá mé trí blian<u>a</u> déag d'aois agus rugadh mé ar an sé<u>ú</u> lá de <u>Dh</u>eireadh Fómhair. Tá gruaig <u>fh</u>ionn <u>dh</u>íreach orm agus tá súile dubh<u>a</u> agam. Tá croiméal ar mo <u>Dh</u>aid agus tá féasó<u>g</u> ar <u>dh</u>eartháir liom. Caitheann mo <u>mh</u>áthair spéaclaí. Sa <u>bh</u>aile, tá ceithre <u>ph</u>eata agam. Tá dhá mhadra agam dar<u>b</u> ainm Larry agus Freddie. Is duin<u>e</u> cineálta agus deas í mo <u>sh</u>eanmháthair. I mo <u>sh</u>eomra rang<u>a</u>, níl go leor rudaí ann. Níl ríomhaire nó clár bá<u>n</u> ann. Teastaíonn rialó<u>i</u>r ó na daltaí agus teastaíonn leabhar ó mo <u>mh</u>úinteoir gach l<u>á</u>.

c. Read the text below silently, then underline every 'awh' sound as in 'lá'. Then listen to see if you got it right

Dia duit, Neasa is ainm dom. Tá mé deich mbliana d'aois agus rugadh mé ar an gcéad lá is fiche de Mhárta. Tá gruaig rua chatach orm agus tá súile donna agam. Tá cúigear i mo theaghlach agus is í mo sheanmháthair an duine is fearr liom! Is duine fíordheas agus cineálta í. Is breá liom a bheith ag caitheamh ama léi. Sa bhaile, níl peata agam ach ba mhaith coinín a bheith agam agus thabharfainn Hopper air! I mo mhála scoile, tá cúpla rud agam. Tá cúpla peann luaidhe gorm, áireamhán, rialóir dubh agus bileog bhán ann. Teastaíonn dialann agus ríomhaire oráiste uaim! I mo sheomra ranga, tá clár bán agus gliú ann.

d. Listen and 'shadow' the speaker - focusing on the words underlined

Saoirse is ainm dom. Tá mé cúig bliana is tríocha <u>d'aois</u>. Rugadh mé ar an <u>bhfichiú</u> lá de Nollaig. Tá ochtar i mo <u>theaghlach</u> agus tá triúr deartháireacha agam. Tá Odhrán fiche bliain d'aois. Tá cónaí orm i lár an <u>bhaile</u> i dteach <u>galánta</u>. Sa bhaile, tá trí <u>phearóid</u> agus lacha <u>bheag</u> agam. Is altra é mo <u>dheartháir</u> Seán in ospidéal mór. Is <u>breá</u> leis an obair mar go mbíonn sé ag <u>cabhrú</u> le daoine an <u>t-am</u> ar fad. I mo sheomra ranga, tá cúpla rud ann. Tá <u>c</u>lár bán mór, <u>cathaoireacha</u> agus boird do gach dalta. Teastaíonn <u>ríomhaire</u> agus cóipleabhar ó gach dalta gach l<u>á</u> ar scoil.

e. Listen and 'shadow' the speaker - focusing on the words underlined

Rónán is ainm dom. Tá mé naoi mbliana is fiche <u>d'aois</u>. Rugadh mé ar an <u>gceathrú</u> lá déag d'Iúil. Tá beirt i mo <u>theaghlach.</u> Cormac is ainm do m'athair agus tá sé caoga <u>bliain</u> d'aois. Tá cónaí orm i dteach <u>beag</u> ar an <u>gcósta</u>. Sa bhaile, tá cúig <u>dhamhán alla</u> agus luch agam. Is fear gnó é m'athair. Is <u>breá</u> leis an obair mar go mbíonn sé <u>gnóthach</u> ar maidin. I mo mhála scoile, tá cúpla rud agam. Tá <u>leabhar</u> bán, <u>rialóir</u> agus peann <u>luaidhe</u> dearg agam. Teastaíonn <u>scriosán</u> agus <u>dialann</u> <u>ó</u> gach dalta gach lá ar scoil.

UNIT 11 – TALKING ABOUT FOOD - INTRODUCTION

1. Listen and fill in the gaps

a. Is breá liom _____

b. Is aoibhinn leat _____

c. Ní maith leis _____

d. Is fearr liom _____

e. Is maith le mo dheartháir _____

f. Is breá le Gráinne _____

g. Is fuath liom _____

h. Is aoibhinn le Seán _____

i. Is fuath le hAilbhe _____

2. Mystery words – guess the words, then listen and see how many you guessed right

a. I__ f__ __ __h

b. __ o__ t__ a__

c. C__ __s

d. B__ r__a__ __

e. S__ __í__ r__ __ t__

f. __r__t__í

g. R__ __

h. T__r__h__í

3. Listening for detail: tick which food items Siún and Tadhg usually eat and drink for breakfast

Siún	Bainne
	Glasraí
	Sú oráiste
	Uibheacha
	Feoil
	Cáis
	Trátaí
Tadhg	Arán
	Mil
	Úlla
	Uisce
	Súnna talún
	Seacláid
	Bananaí

4. Spot the differences and correct your text

a. Is breá liom torthaí, úlla ach go háirithe

b. Is fuath liom glasraí, cairéid ach go háirithe

c. Ní maith liom bainne a ól

d. Is aoibhinn liom mil agus arán

e. Is breá liom rís agus feoil le chéile

f. Is aoibhinn liom milseáin

g. Is fuath liom cáis ar bhurgair

h. Is maith liom cloicheáin mar go bhfuil siad blasta

i. Is aoibhinn liom seacláid mar go bhfuil sí milis

j. Is fearr liom sicín rósta mar go bhfuil sé spíosrach

k. Ní maith liom bananaí mar go bhfuil siad gránna

l. Is breá liom uibheacha mar go bhfuil siad sláintiúil

THE LANGUAGE GYM

5. Spot the missing words and write them in

Éabha is ainm. Cén chaoi a bhfuil tú? Céard iad na rudaí is fearr le hithe? Mé fhéin, is breá liom éagsúla, súnna talún agus bananaí ach go háirithe mar siad go hálainn. Is aoibhinn liom feoil agus go leor prátaí ag dinnéir. Is liom cloicheáin mar go bhfuil siad. D'íosfainn rud ar bith seachas cloicheáin!

6. Faulty translation: spot the translation errors and correct them

My name is Fionn. What are the things I hate to eat? I love fruit, especially bananas. I drink them every day. I like tomatoes and potatoes because they are healthy. I also like jam because it is delicious and I really like meat because it is tasty. I hate turkey and burgers. They are rich in protein but they are not spicy.

7. Why do they like/dislike these foods?

People and what they like/dislike	Reasons why they like/dislike
a. I like fruit	
b. My brother loves eggs	
c. Saoirse hates vegetables	
d. Nina dislikes apples	
e. Jeaic likes fish	
f. Cormac loves oranges	
g. Rachel really likes Chinese food	
h. Aghna dislikes meat	
i. Riain dislikes sausages	
j. Paraic dislikes tomatoes	
k. Tomás hates potatoes	
l. Cian hates carrots	

8. Listen, spot and correct the spelling and grammar errors

a. Is breá liom glasraí mar siad blasta

b. Is breá le tú burgair

c. Ithim torthaí mar go bhfuil siad blas

d. Is brae liom oráiste mar go bhfuil siad milis

e. Is liom fuath feoil mar go bhfuil sé bealaithe

f. Ní ithim mé cairéid mar go bhfuil siad gránn

g. Ólaim sicín rósta gach lá

h. Is aoibhinn Úna iasc mar go bhfuil sé le próitéin

9. Narrow listening - Gapped translation

My name is Caragh. What do I like to eat? Well, I prefer _____, especially _____ _____. I love it because it is _____. I _____ like burgers. I love _____ too. I eat it with _____. I also like fruit because it is _____. I don't like _____. I hate tomatoes and _____. I do not like beans and _____ because they are _____. I hate _____ also. They are rich in protein and vitamins but they are _____ _____.

10. Listen and arrange the information in the same order as it occurs in the text

	She loves meat and fish also
	She loves carrots and tomatoes
	He loves potatoes also
1	There are four people in my family
	My sister prefers apples
	My father prefers vegetables
	We love food and we eat a lot
	I like chocolate
	My mother really likes bread and honey
	I love milk also because it is sweet and healthy

11. Answer the questions below about Maitiú

a. How many people are there in Maitiú's family?

b. What do his parents love?

c. What does his mother hate?

d. What does Ruadhán really like?

e. What does his other brother Séamus like?

f. What does Maitiú love?

g. What does he hate?

h. Why?

12. Listening slalom: follow the speaker from top to bottom and number the boxes accordingly

Isobel	Ciarán	Emma	Dearbhaile
I love (1)	I hate	I don't like	I really like
chocolate	**meat (1)**	carrots	burgers
and sweets	sausages	**because it is (1)**	and tomatoes
and bread	because they are sweet	because they are	**tasty (1)**
and tasty	disgusting	**and rich in protein (1)**	because they are
greasy	**I eat it with salad (1)**	I prefer	but
they are unhealthy	and unhealthy	**or rice (1)**	apples

UNIT 12 – TALKING ABOUT FOOD – LIKES & DISLIKES

1. Listen and fill in the gaps

a. Go ginearálta, ithim _____ ar maidin

b. De ghnáth, ólaim _____ le mo bhricfeasta

c. Is _____ liom milseáin áfach

d. _____ rís nó sailéad le sicín rósta ag am dinnéir

e. Gach lá, ithim go leor _____

f. _____ _____ _____, ólaim uisce le mo dhinnéar

g. Go ginearálta, ithim feoil agus prátaí _____ _____

h. Is breá liom _____ nó _____ ar an Satharn

i. _____ _____, ithim súnna talún

2. Mystery VERBS – guess the words, then listen and see how many you guessed right

a. Ní _ _ _ _ _ mórán ag am dinnéir

b. _ _ _ _ _ _ mil ar arán

c. _ _ _ _ _ _ uisce ar maidin

d. Ní _ _ _ _ _ _ _ sé feoil

e. Is _ _ _ _ _ _ _ _ leis cáis

f. _ _ fuath léi glasraí

3. Listening for detail: tick which food items Seán usually eats at different times of the day

Ar maidin	Uibheacha Arán Úlla Uisce Bainne
Ag am lóin	Feoil Sailéad Rís Torthaí
Tar éis na scoile	Ispíní Prátaí Trátaí Bainne
Am dinnéir	Burgair Glasraí Cáis Feoil
San oíche	Súnna talún Íogairt Caife Arán Iasc

4. Spot the differences and correct your text

Go minic, bíonn go leor rudaí le hithe agam le linn an lae. Ar maidin, ithim oráistí agus uibheacha agus ólaim gloine uisce. Is maith liom cupán caife a ól freisin ar an Luan.

Ag am lóin, ní bhíonn ach béile an-bheag agam. Ithim ceapaire a bhfuil mil air agus ólaim cupán tae. Uaireanta, ithim milseáin le mo chairde.

Ansin, nuair a thagaim abhaile, réitím pláta fíormhór don shuipéar. Ithim prátaí, torthaí de chuile shórt, cairéid agus pónairí. Ithim iasc chomh maith. Ar an Déardaoin, ithim liamhás nó mairteoil. Ólaim tae le mo dhinnéar. Sula dtéim i mo luí, ólaim uisce agus ithim rud beag milis.

5. Spot the missing words and write them in

Iain is ainm. Go ginearálta, ní mórán rudaí ar maidin. Ní ólaim ach agus ithim bananaí chun fuinneamh a thabhairt. Ag lóin, bíonn níos mó agam ansin. Ithim feoil, nó sailéad agus ólaim ceithre chupán tae. Is breá liom a bhfuil braon ann! Ag am, réitím béile sách beag. Go minic, ithim nó burgair agus prátaí. Ólaim cupán agus ligim mo scíth ansin.

6. Faulty translation: spot the translation errors and correct them

My name is Rebecca. In general, I don't eat much for lunch. I eat apples and I drink coffee. At dinner, I eat fish usually and drink water also. Sometimes, I eat roast turkey. I eat burgers often because they are tasty. For dinner, I eat rice or a salad.

7. Write in English what each person thinks about each food/drink

	Food	Opinion
a. John		

	Food	Opinion
b. Dee		

8. Listen, spot and correct the spelling and grammar errors

Ní itheann mé mórán rudaí ar mhaidin seachas arán agus úlla. Ólaim usce agus tea. Is breá le mé tae a bhfuil bainne ann chomh maith. Ag am lóin, ithim béile an-mór. Ithim feol agus rís nó prátaí agus ólaim gloine bainne. Sa oíche, bíonn rud beag le ithe ag mé sula dtéim i luí. Ithim súnna talamh nó torthaí de saghas éigint.

9. What do they have at lunch?

	What they eat and drink (three details)
a.	
b.	
c.	
d.	
e.	
f.	

10. Narrow listening - Gapped translation

Usually, I don't eat or drink _____ of things in the morning: a banana, one or two _____, bread and _____, _____ juice and a cup of coffee _____ _____. It is a very _____ breakfast that is rich in vitamins and _____. At lunchtime, I eat _____ with _____ and _____. I drink milk because it _____ and delicious. At dinner time, I eat _____ or _____ and _____. I love chocolate because it is _____.

11. Listen and arrange the information in the same order as it occurs in the text

	It is very healthy!
	At lunchtime, I eat a lot
	I eat bread with honey or jam
1	**In the morning, I don't eat a lot of things**
	I eat meat or roast chicken
	Usually, I eat fish or seafood
	At 4 pm, I have something small to eat
	Expect for eggs and bread
	It is delicious!
	I drink coffee without sugar also
	I eat dinner around 8.30 at night
	I drink water every day

12. Answer the questions below about Eoin

a. What 3 things does he eat in the morning?
i.
ii.
iii.

b. How does he describe his breakfast?
i.
ii.

c. What does he usually have at lunchtime?
i.
ii.
iii.
iv.

d. At what time does he eat dinner? _____

e. What does he eat for dinner?
i.
ii.

13. Listen to Fionn talk about his family and fill in the grid

	Relationship to speaker	Breakfast	Lunch	Dinner
Sarah				
Máire				
Liam				
John				

UNIT 13 – TALKING ABOUT CLOTHES AND ACCESSORIES

1. Listen and fill in the gaps

a. Sa bhaile, caithim _____

b. Ar an trá, _____ _____ shnámha

c. Ag an spórtlann, caithim _____ reatha

d. Ní chaithim _____ ariamh

e. _____ cara liom éadaí deasa

f. Ar scoil, caithim _____

g. Caitheann mo dheartháir _____ _____ i gcónaí

h. Nuair a bhíonn sé fuar, caithim _____

2. Mystery WORDS – guess the words, then listen and see how many you guessed right

a. B _ _ _ _ _

b. H _ _ _

c. L _ _ _ _

d. _ _ _ a

e. G _ _ a

f. S _ a _ _ r _

g. M _ _ _

3. Listening for detail: tick the clothes Dylan wears

Nuair a bhíonn sé fuar	Hata Geansaí Bróga reatha T-léine
Nuair a bhíonn sé te	Léine Culaith snámha Spéaclaí Stocaí
Sa bhaile	Brístí géine Geansaí Gúna Léine
Ag an spórtlann	Bróga reatha Caipín Geansaí Bríste

4. Spot the differences and correct your text

Áine is ainm dom agus is duine spórtúil mé. Mar sin de, caithim éadaí spóirt agus léine atá compordach. Is breá liom geansaí mór chomh maith. Nuair a théim amach le mo chairde, is aoibhinn liom a bheith ag caitheamh éadaí geala cosúil le sciorta gorm, cuaráin dhubha agus léine bhán. Nuair a théim go dtí an linn snámha, caithim culaith shnámha agus slipéir chompordacha. Nuair a théim ar scoil, níl cead againn ach ár n-éadaí scoile a chaitheamh. Caitheann na daltaí geansaí liath, bríste donn agus carbhat ildaite gach lá. Faoi dheireadh, nuair a théim amach le mo sheanmháthair, caithim cóta buí agus stocaí glasa. Is breá le mo sheanmháthair na dathanna siúd!

5. Spot the missing words and write them in

Laura is ainm dom agus tá mé deich d'aois. Is Gaillimh dom. Tá seisear i theaghlach agus réitím go han-mhaith m'athair agus mháthair ach go háirithe. Tá trí pheata againn bhaile: pearóid, coinín agus madra! Is breá liom éadaí compordacha chaitheamh, éadaí spóirt thar aon rud! Is aoibhinn liom an dath agus mar sin de, tá léine ghlas agus glas agam a chaithim gach.

ginearálta, nuair a théim le mo thuismitheoirí, caithim dubh, léine agus fáinní bána. Téann muid go bialann agus itheann muid an-bhlasta le chéile.

6. Faulty translation: correct the translation

I hate clothes, sports clothes especially. I have many t-shirts. I like multi-coloured bags. I wear sports jackets every day.

At home, I wear a t-shirt, jeans and boots usually.

When I go out with my girlfriend and when it is hot, I wear a t-shirt and jeans. If it is cold, I wear a long coat and my jeans.

7. Write in English the clothing item/accessory and description

	Item/Accessory	Description
a.		
b.		
c.		
d.		
e.		
f.		
g.		
h.		

8. Listen, spot and correct the spelling and grammar errors

Siobhán is ainm orm agus tá mé sé bhliain d'aois déag. Nuair a téim amach le mo cairde, caitheann mé gúna bán agus bróga sála arda gorm.

Sa baile, caithim éadaí spóirt agus bróg reath. Is breá liom léine a bhíonn saor agus a bhíonn éasca le caitheamh comh mhaith.

Nuair a théim ar scoil gach lae, caitheann na daltaí geansaí dearg, léin bán agus bróga dubh. Ní fuath liom m'éadaí scoile mar nach mbíonn siad compordach ar cor ar bith.

9. What are they wearing?

	Four details
Sinéad	
Evan	
Cian	

10. Narrow listening - Gapped translation

Usually, I wear a _____, a _____, trousers and _____ _____. When it is _____, I wear a _____, _____ and _____. I have lots of _____ _____ but I have a couple of _____ also. I like _____ clothes but they are very expensive so, I don't have _____. When I go out with my _____ or with my _____, I wear a _____ t-shirt, _____ _____, high heel shoes and a _____. At _____, I wear a red _____, a _____ skirt and a _____ tie.

11. Listen and arrange the information in the same order as it occurs in the text

	I live in the south of Ireland
	At school, I wear a brown shirt
1	My name is Cormac
	I have a big blue parrot
	with jeans and sports shoes
	At home, I wear black slippers
	I am a tall and sporty person
	When I go out, I wear a pink shirt
	I have three brothers and a sister
	and black trousers

12. Listen to Daithí's description of himself and his family and answer the questions below in English

a. Where is he from?

b. How many siblings has he?

c. What are his favourite foods?

d. Why?

e. What does he usually wear?

f. What are his favourite shoes?

g. Who wears jeans and high heel shoes all the time?

13. Fill in the grid – What did they buy?

	Item bought	Colour	What for	Opinion	Price
Sara					
Maeve					
Collie					
Maitiú					

UNIT 14 – SAYING WHAT I AND OTHERS DO IN OUR FREE TIME

1. Complete with IMRÍM, DÉANAIM or TÉIM

a. _____ cártaí

b. _____ gleacaíocht

c. _____ spórt

d. _____ ag snámh

e. _____ peil

f. _____ rothaíocht

g. _____ go teach mo charad

2. Complete with the missing syllables

a. Imrím lead__ __

b. Déanann sé sci__ __ __

c. Téim ag iasc__ __ __ __ __ __ __

d. Téann sí go dtí an spó__ __ __ __ __

e. Ní imríonn muid cis__ __ __ __

f. Déanann siad lúthchle__ __ __ __ __ __ __

g. Imríonn m'athair fic__ __ __ __

h. Téim go dtí an t__ __

i. Ní dhéanaim obair b__ __ __ __

j. Imríonn tú p__ __ __

3. Listening for detail: what activities does Aghna do each day? Tick the correct one

Monday	■ Goes cycling ■ Plays chess ■ Goes swimming
Tuesday	■ Going to the mountain ■ Does sport ■ Goes swimming
Wednesday	■ Goes to the gym ■ Plays basketball ■ Plays tennis
Thursday	■ Jogging ■ Does homework ■ Does horse riding
Friday	■ Gos skiing ■ Does weights ■ Plays chess
Saturday	■ Goes walking ■ Does athletics ■ Plays football
Sunday	■ Goes to the beach ■ Goes to the mountains ■ Plays tennis

4. Spot the intruder

Bríd is ainm dom agus tá cónaí orm sa faoin tuath. Is duine spórtúil agus aclaí mé. Nuair a bhíonn an t-am agam, téim ag snámh le mo dheirfiúr agus imríonn muid peil agus cártaí ar an trá. Is breá liom gach saghas spórt, gleacaíocht, lúthchleasaíocht agus cispheil ach go háirithe. Déanaim gleacaíocht mar go bhfuil sé taitneamhach agus éasca le déanamh. Imrím cispheil ar scoil le mo chairde ag am lóin agus tar éis na scoile. Ar an Aoine, téim go dtí an spórtlann nó téim ag siúl le mo dhá mhadra. Nuair a bhíonn sé te, téim ar shiúlóidí sna sléibhte. Ar an Satharn, téim ag damhsa le mo chairde agus caithim éadaí gorma agus compordacha.

5. Faulty translation: correct the translation

My name is Laura. I have red hair and I am a very friendly and chatty person. I am not a very sporty person. I prefer to read books, to play chess, play cards or go shopping. When the weather is nice, I go hiking from time to time. I go to the park with my boyfriend. I go to the gym rarely. I prefer to go jogging.

45

6. What pastime do they do?

a. Niamh	
b. Aifric	
c. Dónal	
d. Brónagh	
e. Caolán	
f. Anraí	
g. Caoimhe	
h. Daphne	
i. Éanna	

7. Spot the differences and correct your text

Éadaoin is ainm di agus is Éireannach í. Is maith liom a bheith ag déanamh spóirt. Is aoibhinn liom gach saghas spórt. Imrím leadóg gach lá agus téim ag snámh go minic. Imrím marcaíocht capaill go hannamh agus téim go dtí an t-ionad spóirt dhá uair sa tseachtain. Faraor, ní maith liom a bheith ag damhsa agus ní imrím cártaí. Nuair a bhíonn an aimsir fuar, déanaim sciáil agus téim ag siúl uaireanta.

8. Split sentences – Listen and match

1. Téim ag rothaíocht	a. ar shiúlóidí
2. Imrím	b. go minic
3. Téim go teach	c. gleacaíocht
4. Ní théim	d. gach dara lá
5. Nuair a bhíonn sé	e. cispheil
6. Ní dhéanaim	**f. gach lá**
7. Imrím	g. le mo chairde
8. Téim ag snámh	h. te, imrím peil
9. Déanaim spórt	i. mo charad

9. Listen, spot and correct the grammar/spelling errors

a. Imrím mé haca

b. Ní déanaim ag snámh

c. Téim iománaíocht tar éis na scoile

d. Déanann sé rásaíocht capaill an Luan

e. Ní téann mé go dtí an trá

f. Déanaim dornálaíocht ar an deireadh seachtaine

g. Imrím seoltóireacht

h. Ní ihmrím haca

10. Mystery words - predict then check

a. R__gb__ __

b. __ám__a__ __ch__

c. S__c__ __

d. Tó__ __i__ m__á__ __a__

e. A__ d__ __ __o d__í a__ p__ __ __ __ __ __

f. __g __ul g__ __t__ __nt__ __

g. D__ __ __á__aí__ __ht

h. __eir__a__ h s__a__ __t__ __ __e

i. E__ __p__e__ __

11. Spot the missing words and write them in

Eimhín is ainm dom agus tá cónaí i lár tíre. Nuair a bhíonn an te, téim an trá agus imrím eitpheil cairde liom.

Is breá liom ag imirt spóirt! Ar Domhnach, déanaim tógáil meáchan agus téim shiúlóidí sléibhte. Nuair a bhíonn an aimsir, téim teach charad agus imríonn muid cártaí.

12. Listen to Fergus talk about his friends and fill in the grid below - in English

Name	Age	Description	Food	Clothes	Sport	How often
a. Chris						
b. Aaron						
c. Anraí						
d. Niamh						
e. Fionla						

13. Narrow listening - Gapped translation

My name is _____ and I am _____ years old. I am _____ and I live _____ _____ _____ of _____. I am not a _____, _____ and _____ person. There are _____ _____ in my _____: my _____, my _____ _____ and my younger _____. My parents are very _____ and _____ people. My brothers are _____ _____ and my _____ sister is a _____ and _____ person. My favourite foods are _____ and _____. I eat _____ often. When I have the time, I do a lot of different _____. I play _____ at school _____ _____. I do _____ _____ in the gym near my house _____ _____ _____. I go to the _____ _____ and from time to time, I go to _____ _____ _____ with my brothers. Besides sport, I play _____ also and I go to _____ _____ once a week. I love _____! Slán!

READING ALOUD – Part 2

a. Listen and 'shadow' the speaker by whispering after them. Then read the text aloud to yourself.

Lorcán is ainm dom agus tá ceathrar i mo theaghlach. Ithim go leor rudaí difriúla ar maidin mar go dtugann sé fuinneamh dom don lá amach romham. Ithim torthaí, uibheacha agus ólaim caife agus uisce. Ag am lóin, bíonn burgair agus sceallóga agam agus ólaim bainne. Tar éis na scoile, bíonn rud beag le hithe agam sula ndéanaim m'obair bhaile. Ithim ceapaire a bhfuil liamhás agus cáis ann. Is fear an tí é m'athair agus réitíonn sé an dinnéar dúinn. Is fear ard agus láidir é chomh maith. Tar éis an dinnéir, ligeann muid ár scíth sa seomra suí le chéile.

b. Listen and 'shadow' the speaker by whispering after them. Then read the text aloud to yourself.

Naoise is ainm dom agus tá seachtar i mo theaghlach. Ní ithim go leor rudaí ar maidin seachas úlla agus ní ólaim ach sú oráiste. Ag am lóin, bíonn sailéad agus glasraí agam agus ólaim tae. Tar éis na scoile, bíonn rud beag le hithe agam sula ndéanaim m'obair bhaile. Ithim ispíní agus rís. Oibríonn mo thuismitheoirí sa bhaile agus mar gheall air sin, réitím an dinnéar. Bíonn sicín rósta agus prátaí againn de ghnáth. Féachann muid ar scannán le chéile ansin sula dtéim i mo luí.

c. Read the text below silently, then underline every 'í' pronounced as 'ee' and all the 'á' pronounced like 'awh'. Then listen to the audio track check if you got it right.

Oonagh is ainm dom agus tá ochtar i mo theaghlach. Lorcán is ainm do m'athair agus is duine cainteach é ach tá mo mháthair níos caintí ná é. Ar maidin, itheann sé cáis agus arán agus ólann sé tae. Ag am lóin, bíonn ceapaire aige a bhfuil sicín rósta ann. Nuair a thagann sé abhaile, réitíonn sé na glasraí. Is bean an tí í mo mháthair. Is breá léi a post mar go bhfuil sé sásúil agus éasca. Is duine deas agus cliste í. Caitheann sí éadaí galánta. De ghnáth, caitheann sí gúna, léine bhán agus cuaráin dhubha. Ní chaitheann sí geansaí oráiste nó fáinní cluaise buí. Ní maith léi an dath sin. Gráinne is ainm do dheirfiúr liom. Tá sí sé bliana déag d'aois agus tá súile gorma aici. Is duine íseal agus tanaí í. Ní imríonn sí spórt go minic ach téann sí ar shiúlóidí leis an madra ar an Máirt agus ar an gCéadaoin. Imríonn sí cártaí anois is arís. Déanann sí seoltóireacht nuair a bhíonn an aimsir go maith.

d. Listen and 'shadow' the speaker by whispering after them, focusing on the WORDS underlined. Then read the text aloud to yourself.

Dia duit, Rígan is ainm dom agus tá cónaí orm i <u>dTuaisceart</u> na tíre. Tá beirt <u>deartháireacha</u> agam. Liam agus Stiofán is ainm <u>dóibh</u>. Tá gruaig <u>dhonn</u> orthu agus tá súile <u>glasa</u> acu. Is daoine <u>spórtúla</u> agus <u>cainteacha</u> iad. Is dochtúir é Liam. Itheann sé feoil, <u>arán</u> agus torthaí. <u>Ólann</u> sé caife agus uisce. Caitheann sé <u>brístí gearra dearga</u> agus cuaráin <u>dhubha</u>. Tá Stiofán ocht <u>mbliana</u> déag d'aois. Is duine spórtúil <u>é</u>. Imríonn sé <u>iománaíocht</u> gach lá.

e. Listen and 'shadow' the speaker by whispering after them. Then read the text aloud to yourself.

Sadhbh is ainm dom agus tá mé seacht mbliana déag d'aois. Céard is maith leat le hithe ar maidin? Ithim iasc agus torthaí agus ólaim sú oráiste. Ag am lóin, ithim ceapaire agus sailéad. Is aoibhinn liom sailéad mar go bhfuil sé sláintiúil agus go maith don chorp. Tar éis na scoile, téim go dtí an spórtlann agus déanaim tógáil meáchan. Is duine aclaí agus láidir mé. Is breá liom a bheith ag imirt spóirt le cairde liom. Nuair a bhíonn an aimsir go dona, imrím cártaí agus ficheall agus téim go teach mo charad. Déanaim seoltóireacht anois is arís.

UNIT 15 – TALKING ABOUT WEATHER AND FREE TIME

1. Listen and fill in the gaps

a. Nuair a bhíonn ____ _____ agam, imrím leadóg

b. Nuair a bhíonn sé _____, téim ag rothaíocht

c. Nuair a bhíonn an aimsir _____ _____, imrím peil

d. Nuair a bhíonn an aimsir _____, déanaim rámhaíocht

e. Nuair a bhíonn sé _____ _____, fanaim sa bhaile

f. I rith na _____, téim go dtí an linn snámha

g. Nuair a bhíonn sé _____, imrím cártaí

h. Nuair a bhíonn an aimsir _____ _____, fanaim i mo sheomra

2. Mystery WORDS – guess the words, then listen and see how many you guessed right

a. A__ a__ __ __ir

b. G__ i__ nm__ a__

c. __eo__ __ __r

d. Nu__ __ __ a __h__on__ __é

e. __ao__a__

f. A__ b__ __ s__e__ __h

g. __o d__ __a

h. __g c__ __ sn__ac__ __a

3. Listening for detail: tick the activities these people do at the weekend

Saoirse	Goes to the dance hall Goes to the shopping centre Goes horse riding Does homework Plays chess
Senan	Goes swimming Goes to the shopping centre Goes to the sports centre Plays cards Does sport
Síofra	Goes to the running track Does rowing Goes to the pool Plays football Goes to her friend's house

4. Fill in the blanks

Céard a _____ tú nuair a bhíonn an _____ agat? Nuair a bhíonn ____ _____ go _____, imrím _____ le mo _____ agus téim ar _____ sna sléibhte. _____ a bhíonn sé _____, caithim _____ agus téim go dtí an _____ agus déanaim tógáil _____.

Is duine _____ mé. I rith na _____, déanaim _____ capaill agus _____. Nuair a _____ sé ag _____, fanaim _____ _____ nó i mo _____. Uaireanta, déanaim _____ ar an abhainn agus téim _____ _____ le mo _____.

5. Spot the missing words and write them in

Tadhg is ainm agus is Éireannach mé. Tá mé seacht déag d'aois agus is duine agus mé. Nuair a bhíonn an t-am, imrím le cairde. Nuair a bhíonn an aimsir, téim an trá agus téim ag. Nuair a bhíonn sé, fanaim sa nó téim go teach mo. Déanaim gach lá ach is fearr liom thar aon rud. I rith seachtaine, déanaim ealaín.

6. Faulty translation: correct the translation

When I have extra time, I play sport. First of all, I play basketball, cards and soccer. Moreover, I wear a shirt, trousers, slippers and sports clothes every week. When it is snowing, I go to the sports centre. When the weather is cold, I go to the beach, I do rowing in the mountains. When the weather is bad, I do athletics and rock climbing in the sports centre. When the weather is hot, I go sailing. When it is foggy, I stay at home or in my room or I go to my neighbour's house.

7. Write in English what each person thinks about different types of weather

	Opinion	Weather	Activity
a.	Loves	Hot	Beach
b.			
c.			
d.			
e.			
f.			
g.			
h.			

8. Listen, spot and correct the spelling and grammar errors

Fionnán is ainm do mé agus is duine íseal ach láidre mé. Tá gruaig donn gearr orm agus tá súile gorm orm. Tá cónaí orm i Cill Chainnigh. Nuair a bhíonn an am agam, imríonn mé iománaíocht agus peil le cairde liom ar scoil. Tar éis na scoil, téann muid go dtí an raon reath agus déanann muid lúthcleasaíocht go dtí go téann muid abhaile don dinéar. Ithim go leor rudaí tar eis lá gnóthach. Ithim feoil, rís agus arán. Is brae le mé feoil mar tá sí go álainn agus sláintiúil.

9. Sentence puzzle - listen and rewrite correctly

a. a Nuair dtí téim bhíonn sé an te, go trá

b. go a aimsir bhíonn fanaim an dona, sa Nuair bhaile

c. cártaí dhearthair imrím Nuair bhíonn ag báisteach a sé, le mo

d. bhíonn sé Nuair seoltóireacht a gaofar, déanaim

e. Nuair t-am marcaíocht bhíonn a an agam, capaill déanaim

f. t-ionad go siopadóireachta dtí Uaireanta, téim an

g. imrím an Ag deireadh iománaíocht seachtaine,

10. Listen and arrange the information in the same order as it occurs in the text

	I like my job because it is enjoyable
	I am a teacher
	When it is hot, I go to the beach
1	I live in Limerick
	When the weather is bad, I go to the sports centre
	When it is windy
	I love sport
	I am a tall and fit person
	I go swimming
	I am a funny and friendly person
	I do rock climbing also
	I do sailing

11. Listen to Denise and answer the questions below in English

a. Which county is she from? Where is this county located?

b. How does she describe herself?

c. What is the weather like today?

d. What does she do when the weather is bad?

e. What does she do when the weather is good?

12. Listen to Aoibhe talk about her family and then fill in the grid

	Aoibhe	Lisa	Maitiú	Órla
Personality				
Physique				
What do they wear				
What they do in good weather				
What they do in bad weather				
What they do when it is hot				

UNIT 16 – TALKING ABOUT DAILY ROUTINE

1. Listen and fill in the gaps

a. Ar _ _ _ _ _

b. _ _ _ oíche

c. Éirím ar _ _ _ _ _ chun a hocht

d. Fágaim an _ _ _ _ _

e. Ag _ _ _ _ _ _ _, ithim mo dhinnéar

f. _ _ _ _ _ mo scíth

g. Um _ _ _ _ _ _ _

h. Téim ar _ _ _ _ _ ar an mbus

i. Déanaim m'_ _ _ _ _ bhaile

2. Multiple choice quiz: daily routine times

	1	2	3
a.	6:00	7:00	9:00
b.	10:00	10:05	10:10
c.	2:45	3:45	2:15
d.	6:15	5:45	6:05
e.	11:05	10:55	10:25
f.	2:30	2:15	2:20
g.	3:15	2:45	2:25
h.	12:00	00:00	13:00
i.	7:20	7:10	7:50
j.	8:15	7:45	2:35

3. Which of the following times do you hear in the text? Tick the ones you hear

4:00   7:30

6:00   8:05

6:15   8:25

6:20   12:00

7:20   12:10

4. Write out the times below, then listen to check if they are correct

a. At 8:15 = Ar cheathrú tar éis a hocht

b. At 7:45 =

c. At 9:20 =

d. At 6:40 =

e. At 11:30 =

f. At 9:25 =

g. At midnight =

h. At midday =

5. Spot the differences and correct your text

Róisín is ainm dom. Tá mé cúig bliana déag d'aois agus tá cónaí orm i lár na tíre. Ar a seacht a chlog, éirím ar maidin agus cuirim m'éadaí orm fhéin ansin. Ithim mo bhricfeasta ar cheathrú tar éis a seacht agus scuabaim m'fhiacla ar leathuair tar éis a seacht. Fágaim an teach timpeall ar a hocht a chlog. Téim ar scoil ar an mbus ar dheich tar éis a hocht. Ithim mo lón ar scoil le mo chairde sa cheaintín. Tagaim abhaile ansin agus ithim mo dhinnéar timpeall ar a cúig a chlog le mo theaghlach sa chistin. Ina dhiaidh sin, déanaim m'obair bhaile i mo sheomra leapa. Ligim mo scíth ar a naoi a chlog agus téim i mo luí ar cheathrú chun a haon déag ansin.

6. Spot the missing words and write them in

Ar cheathrú tar éis sé, éirím agus ithim bhricfeasta sa chistin thíos staighre. Scuabaim m'fhiacla ar leathuair tar éis a agus cuirim m'éadaí orm fhéin a seacht a chlog sa seomra leapa. Fágaim an teach dhiaidh sin ar leathuair a seacht agus téim ar an ar cheathrú chun hocht. Ithim mo lón ar a haon déag a agus ligim mo scíth. Tagaim abhaile ansin a ceathair a chlog agus imrím cluichí ríomhaire thráthnóna ansin. Ithim mo dhinnéar ar tar éis a sé agus m'obair. Ar a naoi a chlog, téim i mo luí.

7. Faulty translation: correct the translation

My name is Alice and I am Irish. My daily routine is very simple. In general, I get up early, around 5:00. I shower and I get dressed. Then, around 7:15, I eat breakfast with my mother. Usually, I eat an egg and I eat cereal. Around 8:00, I leave my house and I go to school by bus. I come back home from school at around 3:30. Generally, I watch television and I play computer games. From 6:00 to 8:00, I do my homework. I love doing my homework! Then, at around 8:15, I eat dinner with my family.

8. Listen and write down in English what Carmen does at each time

Time	Activity
6:30	
7:15	
8:00	
9:15	
3:30	
4:00	
6:30	
10:00	
11.00	

9. Listen, spot and correct the spelling/grammar errors

Alex is ainm dom. Tá mé seacht bliana déag d'aois. Tá cónaí orm i Uibh Fháilí. Tá cónaí orm in dteach bheag i lár na baile. Tá cónaí orm le mo theaghlach. Is daoine greannmhara iad mo thuismitheoirí ach tá m'athair níos greannmhar ná mo mháthair. Tá titim amach an-simplí agam. Ar maidin, éirím ar dheich chun a seacht. Ithim mo bricfeasta le mo madra Ruffy sa chistin. Ansin, scuabaim mo fhiacla. Cuirim m'éadaí orm fhéin ar timpeall ar fhiche cúig tar éis a seacht. Fágaim an teach ina dhiaidh sin agus téim ar scoi ar an bus. Bím ag caint le chairde ar scoil agus ithim mo lón leo ag meánlá. Tagaim ar ais ón scoil agus déanaim mo obair bhaile i mo sheomra leapa. Réitím an dinnéar le mo mháthair agus ithim an dinnér ansin sa chistin.

10. Listening slalom: follow the speaker and number the boxes accordingly

a. Paraic	b. Tríona	c. Niamh	d. Carol
Éirím ar a seacht a chlog	Éirím ar a naoi a chlog	Éirím ar a sé a chlog	Éirím ar a hocht a chlog
Cuirim m'éadaí orm fhéin ar chúig tar éis a sé	Cuirim m'éadaí orm fhéin ar dheich tar éis a hocht	Cuirim m'éadaí orm fhéin ar fhiche tar éis a naoi	Cuirim m'éadaí orm fhéin ar cheathrú tar éis a seacht
Ithim mo bhricfeasta ar cheathrú tar éis a hocht	Ithim mo bhricfeasta ar fhiche tar éis a seacht	Ithim mo bhricfeasta ar leathuair tar éis a sé	Ithim mo bhricfeasta ar fhiche cúig chun a deich
Scuabaim m'fhiacla ar a haon déag a chlog	Scuabaim m'fhiacla ar cheathrú chun a seacht	Scuabaim m'fhiacla ar fhiche cúig tar éis a hocht	Scuabaim m'fhiacla ar leathuair tar éis a seacht

11. Narrow listening - Gapped translation

My name is Aoife. I am _____. I am from _____. My daily routine is very _____. Generally, I _____ _____ _____ at around five thirty. Then, I shower and I get _____. _____, I go downstairs with my brothers. Then, I prepare and I _____ my _____. Around _____ past seven, I leave home and I go to school. I _____ home at around four. Then, I _____. Generally, I read my _____. From six to _____, I do my homework. Then, at eight, I eat my _____. I don't eat _____. Afterwards, I watch _____ or I go on the _____. Then, I go to _____ at 10:35.

12. Fill in the grid: What do the different people do?

	I	My mother	My father	My sister
At 7:30				
At 8:15				
At 12:00				
From 3:00 to 4:00				
From 6:00 to 8:00				
From 8:30 to 11:00				

UNIT 17 – DESCRIBING HOUSES

1. Multiple choice quiz

	1	2	3
a. Tá cónaí orm i	dteach mór	teach mór	árasán mór
b. Tá cónaí ar m'athair	i dteach nua	i dteach beag	i dteach gránna
c. Tá cónaí orm	in árasán	in árasán beag	in árasán galánta
d. Tá cónaí ar mo mháthair	i seanárasán	i seanteach	i dteach
e. Tá cónaí ort	faoin tuath	ar imeall an bhaile	sna sléibhte
f. Tá cónaí ar Liam	in eastát tithíochta	cois farraige	i lár na cathrach

2. Listening slalom: follow the speaker from top to bottom and number the boxes accordingly

a.	b.	c.	d.
Tá cónaí orm i (1)	Tá cónaí orm i	Tá cónaí orm in	I mo theach, tá
seanteach	**dteach mór (1)**	sé sheomra leapa,	árasán beag
dhá sheomra folctha	i lár na cathrach.	**faoin tuath (1)**	cois farraige
agus cistin ann.	i nDún na nGall.	I m'árasán,	**in Éirinn. (1)**
I mo theach,	Is maith liom a bheith	**Is breá liom mo (1)**	tá trí sheomra
agus ligim mo scíth	**theach mar go bhfuil (1)**	tá ceithre sheomra	ag obair sa
agus gairdín mór ann.	seomra suí gach lá.	**sé mór agus nua-aimseartha. (1)**	sa seomra gréine.

3. Spot the differences and correct your text

Mícheál is ainm dom agus tá cónaí orm i dteach galánta agus nua-aimseartha sna sléibhte. Tá mé sé bliana déag d'aois agus tá gruaig dhubh fhada orm. Is duine ard agus cliste mé ach is duine spórtúil mé ar bhealaí eile. Is breá liom a bheith ag imirt cártaí le cairde liom agus déanaim tógáil meáchan gach lá sa spórtlann. I mo theach, tá sé sheomra ann. Is breá liom mo theach mar go bhfuil sé nua-aimseartha agus ligim mo scíth sa seomra gréine tar éis na scoile gach lá. Tá cónaí ar mo chol ceathracha in árasán beag i lár na cathrach. Tá cúig sheomra ann agus tá gairdín beag timpeall an tí chomh maith.

4. Spot the missing words and write them in

Freya is ainm agus is mé. Tá cónaí i Sligeach in iarthar hÉireann. Tá mé cúig bliana d'aois agus is cairdiúil. I theach, tá sé sheomra agus tá gairdín timpeall an tí chomh maith. Tá trí leapa ann agus tá seomra suí thíos staighre. Tá cónaí chara i seanteach gránna tuath. Níl ach trí sheomra ann agus tá i bhfad ón. Tá cónaí ar sheantuismitheoirí dteach beag sna sléibhte. Tá an ann le níos mó céad! Tá cónaí ar m'aintín árasán i lár na cathrach. Tá sheomra gréine ann fiú!

5. Faulty translation: correct the translation

My name is Róisín and I live in Galway in Ireland. My house is situated in the city centre and I live in a flat. In my house, there are seven rooms. I live in a big, modern and beautiful flat. The rooms are very big. There is a small garden with a small table outside. I have one dog whose name is Diesel. I prefer the kitchen because I love eating. I really like relaxing in my kitchen after school every day. I watch films on Netflix in the living room. I do sport with my friends in the gym now and again.

6. Fill in the grid based on the speaker

	Description of home	Favourite area of home
a.		
b.		
c.		
d.		
e.		
f.		
g.		
h.		

7. Gapped sentences

a. Tá cónaí orm i dteach mór _____

b. Tá mo theach suite _____ _____

c. Tá cónaí ar mo thuismitheoirí _____
_____

d. Tá cónaí ar chara liom _____ _____
_____ i lár na _____

e. Tá cónaí ar mo chol ceathracha i _____
beag _____ _____

f. Tá cónaí ar mo sheantuismitheoirí i dteach
_____ _____ _____

g. Tá cónaí ar m'uncail i _____ beag galánta in _____ _____ atá suite ar imeall _____ _____

8. Listen, spot and correct the spelling and grammar errors

Máire is ainm do mé agus tá mé seacht bliana déag d'aois. Tá cónaí ar mé i teach mór ar imeall an baile in eastát tithíochta. Ligim mo scíth sa sheomra suí gach lá tar éis na scoil. Is maith liom a bheith ag obair sa seomra bia mar tá bia in aice liom. Is fuath le mé a bheith ag obair sa gairdín mar go mbíonn an madra ag rith timpeall ort. Tá cúig seomra sa teach ach tá cónaí ar cara leat i dteach a bhfuil deich sheomra ann! Is fear liom mo scíth a ligean sa gairdín nuair a bhíonn an aimsir maith.

9. Complete (in English) with the correct details

	Colin	Fiona	Jeaic
County			
Description of house (2 details)			
Location of house			
A room they like			
Favourite area			
Room they hate			

10. Narrow listening - Gapped translation

My house is a very _____ and comfortable house. It is situated on the _____ of Galway, a city in the west of Ireland, beside the _____. I live in an _____ _____. In my flat, there are six rooms: a kitchen, a bathroom, a living room and three _____. My favourite room is the _____ _____ because it is _____, comfortable and beautiful. I like my _____ also because I have a television and a desk there. I like to _____ and do my homework in there. I hate the _____ because it is too _____ and old.

11. Answer the questions in English

a. How old is Orlaith?

b. Where is she from?

c. Where does she live?

d. What does she look like?

e. How does she describe herself? (3 details)

f. What are her favourite clothes? (2 details)

g. What is her favourite food? (2 details)

h. At what time does she get up at?

i. What does she do after school? (2 details)

j. Does she live in a house or in a flat?

k. What is her house/flat like? (2 details)

l. What is her favourite room?

m. What is the room she hates?

n. What does she say about her bedroom? (2 details)

UNIT 18 – SAYING WHAT ONE DOES AT HOME / DAILY ROUTINE

1. Mosaic listening - follow the speaker from <u>left</u> to <u>right</u> → and number accordingly

a.	**Déanaim (1)**	féachaim ar	i seomra leapa	sa seomra spraoi
b.	Ligim	**m'obair bhaile (1)**	ar líne	sa seomra suí
c.	Gach lá,	labhraím	**sa seomra (1)**	mháthair
d.	Éistim le	téim	sa seomra	**leapa (1)**
e.	Go minic,	ceol	Netflix	mo dhearthár
f.	De shíor,	mo scíth	le mo	gréine

2. Listen and fill in the gaps

a. Réitím _____ sa chistin

b. Timpeall ar a seacht a chlog, _____ mo bhricfeasta

c. Dhá uair sa _____, téim ag rothaíocht

d. Uaireanta, _____ ar scannán

e. Nuair a bhíonn am sa bhreis agam, léim _____

f. De _____, imrím cluichí ríomhaire

g. Ligim mo scíth sa _____

h. Scubaim m'fhiacla sa _____ folctha

3. Break the flow

a. Léimleabhairghrinnsaseomraspraoi

b. Uaireanta,féachaimaranteilifís

c. CuirimpictiúiraníosarInstagram

d. Gachlá,imrímcluichíríomhaire

e. Gominic,téimarlíne

f. Dháuairsatseachtain,fágaimanteach

4. Faulty translation: what, how often, where? Listen and correct the errors

	How often	What do they do	Where
a.	Sometimes	talk with mother	on the terrace
b.	Twice a week	helps father	in the garage
c.	Every day	watches tv	in the living room
d.	Five times a week	does homework	in the bedroom
e.	Often	goes online	in parents' room
f.	Every day	eats breakfast	in the dining room
g.	Never	prepares food	in the kitchen
h.	From time to time	goes cycling	in the living room

5. Often or Rarely? – write O or R in the next column for each sentence and give a reason

a.		
b.		
c.		
d.		
e.		
f.		
g.		
h.		

6. List the activities in the correct order in which Paraic does them (there is a small amount of extra information for each sentence in the recording)

	I do my homework
	I go online
	I relax
1	**I eat breakfast**
	I read comics
	I leave the house
	I watch films
	I brush my teeth

7. Listen to the verbs and add them in where appropriate (they are not in the right order!)

a. _____ ar scannáin

b. _____ mo bhricfeasta

c. _____ irisí

d. _____ mo scíth

e. _____ m'éadaí orm fhéin

f. _____ ag rothaíocht

g. _____ m'obair bhaile

h. _____ bia

8. Narrow listening - Gapped translation

_____ _____, I get up at five in the morning. Then, I _____ and I eat my breakfast in the _____. After that, I brush my teeth and I get _____. Then, I _____ the house and I go to school at _____. Generally, I go by _____. When I _____ _____, I talk to my mother and I do my homework in the _____. Then, I _____ in the garden with my two _____. Sometimes, I watch ___ _____ and I upload photos to Instagram. Usually, I eat my dinner at around _____. After dinner, I _____ _____ and I shower. After that, I brush my _____ and I go to bed at _____.

9. Sentence puzzle – Listen and rewrite correctly

a. uair léim irisí sa Dhá tseachtain,

b. féachaim seomra suí Uaireanta, ar scannáin sa

c. De chistin shíor, réitím bia sa

d. fhéin Timpeall sé cuirim ar a a chlog, m'éadaí orm

e. ithim mo Uaireanta, sa seomra bhricfeasta bia

f. Go sa seomra minic, bhaile déanaim gréine m'obair

10. Answer the questions about Maria
(EXTENSION: Write down some extra details that you hear)

a. At what time does she usually get up at?

b. How does she go to school?

c. What is her favourite school subject?

d. What two sports does she usually do after school?

e. Where does she usually talk with her mother?

f. In which room does she do her homework?

g. Where does she always eat dinner?

h. What three things does she do after dinner?

i. What two things does she do before going to bed?

j. At what time does she go to bed?

READING ALOUD – Part 3

1. Read the text below silently, focusing especially on the words in bold. Then listen to the audio track to check if you got the pronunciation right and have a go at reading it aloud.

Dia daoibh, Liam is ainm dom. Tá mé ocht **mbliana** déag d'aois. Tá gruaig **chatach** orm agus tá súile **glasa** agam. Tá cónaí orm in **oirthear** na tíre in árasán beag ar imeall an **bhaile** le mo dheartháir níos sine darb ainm Eoghan. Is breá liom **m'árasán**! Is duine cainteach agus **cabhrach** é mo **dheartháir** ach uaireanta, is duine fiosrach é! **Réitím** go maith leis de shíor!

Sa **bhaile**, tá iasc mór **darb** ainm Jess agus madra **gleoite** darb ainm Maxxie agam. Is madra **láidir** é Maxxie agus is iasc **ramhar** é Jess! Is maith liom a bheith ag déanamh spraoi leis na **peataí**.

Imrím peil agus **cispheil** go minic le mo **chlub**. Téim go dtí an **pháirc** le Maxxie gach lá. Nuair a bhíonn an aimsir go **dona**, téim go dtí an **spórtlann** le hEoghan. Anois is arís, téim **ar shiúlóidí** faoin tuath.

Nuair a bhíonn am sa **bhreis** agam, **féachaim** ar scannáin ar Netflix sa seomra suí agus **anois is arís**, léim **irisí** agus leabhair **ghrinn** sa seomra leapa. **De ghnáth**, téim i mo **luí** timpeall ar **cheathrú** chun a haon déag.

2. Underline any word you are not sure you can pronounce correctly. Then listen to the audio track focusing on those words and read the text aloud to yourself.

Caroline is ainm dom. Tá mé cúig bliana déag d'aois agus tá titim amach an lae an-simplí agam. De ghnáth, éirím ar cheathrú chun a seacht. Téim síos staighre agus ithim mo bhricfeasta le mo dheirfiúr sa chistin. Ansin, réitím mo lón don lá scoile. Téim faoin gcith agus cuirim m'éadaí orm fhéin ansin. Téim ar scoil ar an mbus agus siúlaim abhaile tar éis na scoile. Labhraím le m'athair sa chistin mar gur fear an tí é. Ansin, déanaim m'obair bhaile sa seomra gréine. Cabhraím le m'athair sa chistin agus réitím an bord. Ithim an dinnéar ar a sé a chlog ansin. Tar éis dinnéir, léim leabhar agus féachaim ar an teilifís.

3. Underline any word you are not sure you can pronounce correctly. Then listen to the audio track focusing on those words and read the text aloud to yourself.

a. Dia daoibh. Iarla is ainm dom. Tá cúigear i mo theaghlach, mé fhéin san áireamh – sin iad mo thuismitheoirí, mo dheartháir Oisín agus mo dheirfiúr Saoirse.

b. Is duine ionraic agus greannmhar é m'athair. Is bean chairdiúil agus thanaí í mo mháthair. Is buachaill óg agus ard é Oisín agus is cailín cneasta agus foighneach í Saoirse.

c. Nuair a bhíonn am sa bhreis agam, téim ar shiúlóidí faoin tuath. Ach nuair a bhíonn an aimsir go dona, téim go dtí an t-ionad spóirt. Nuair a bhíonn sé tirim, téim go dtí an pháirc agus téim ag rothaíocht le mo theaghlach. Sa bhaile, léim leabhair ghrinn go minic agus de ghnáth, féachaim ar scannáin ar Netflix.

UNIT 19 – HOLIDAY PLANS

1. Listen and fill in the gaps

a. Rachaidh mé go dtí an _____

b. Caithfidh mé _____ thall

c. Rachaidh mé go dtí an _____

d. _____ mé i bpuball

e. Íosfaidh mé _____ blasta

f. Fanfaidh mé in _____ saor

g. Tabharfaidh mé _____ ar an Túr Eiffel

h. Rachaidh mé ar an _____

i. Fanfaidh mé i mbrú _____

2. Spot the differences and correct your text

a. Rachaidh mé go dtí an Spáinn

b. Caithfidh muid dhá sheachtain thall

c. Fanfaidh sé in óstán galánta

d. Íosfaidh sí milseoga traidisiúnta

e. Rachaidh mé go dtí Ceanada sa charr

f. Tabharfaidh mé cuairt ar an gColasaem

g. Rachaidh mé go dtí Albain

h. Caithfidh mé seachtain amháin le mo chairde

i. Íosfaidh mé uachtar reoite gleoite

j. Rachaidh mé go dtí an pháirc

3. Listen and tick the correct details

Pól	Rachaidh mé go dtí an Spáinn Rachaidh mé go dtí an Iodáil Rachaidh mé go dtí an Fhrainc Rachaidh mé go Meiriceá Rachaidh mé go Sasana
Ana	Íosfaidh mé uachtar reoite Íosfaidh mé béilí Íosfaidh mé milseoga traidisiúnta Íosfaidh mé béilí blasta Íosfaidh mé uachtar reoite deas
Clíona	Fanfaidh mé i bpuball Fanfaidh mé i mbrú óige Fanfaidh mé in óstán saor Fanfaidh mé in óstán daor Fanfaidh mé in óstán galánta
Sharon	Caithfidh mé seachtain amháin thall Caithfidh mé dhá sheachtain thall Caithfidh mé coicís thall Caithfidh mé mí thall Caithfidh mé bliain thall

4. Write in the missing words

An samhradh seo, rachaidh mé go dtí an _____ ar an eitleán le mo chairde. Caithfidh muid _____ _____ thall. Fanfaidh muid i _____ óige. _____ muid go dtí an _____ agus ag siopadóireacht. _____ muid béilí _____ agus milseoga deasa. Tabharfaidh muid _____ ar na suíomhanna _____.

5. Guess what comes next then listen to see how many you guessed right

a. Rachaidh mé go _____

b. Caithfidh mé _____ thall

c. Íosfaidh mé _____ _____

d. Fanfaidh mé in _____ _____

e. Rachaidh mé go dtí an _____

f. Tabharfaidh mé cuairt ar an _____ _____

6. Multiple choice quiz

	1.	2.	3.
a.	He is Irish	He is English	He is French
b.	He will go by train	He will go by plane	He will go by boat
c.	He will go alone	He will go with his friends	He will go with his family
d.	He will stay in a cheap hotel	He will stay in a youth hostel	He will stay in a luxury hotel
e.	He will stay there for two weeks	He will stay there for three weeks	He will stay there for a month
f.	He will go to the beach	He will go to the mountains	He will go to the park
g.	He will also go sightseeing	He will also go shopping	He will also go sunbathing
h.	It will be fun	It will be boring	It will be great

7. Faulty translation: spot the translation errors and correct them

This winter, I will go on holidays to Scotland by plane with my brother. We will spend three weeks there. We will stay in a lovely hotel in Edinburgh, the capital of Scotland. If the weather will be good, every day, I will go cycling in the city. In the evening, I will eat traditional meals and tasty desserts. My parents will visit the tourist sights and my sister will go shopping, as always. If the weather will be bad, I will go the gym and the park with my sister. After that, we will go the town and we will visit the historic sights.

8. Listen, spot and correct the spelling and grammar errors

Rachaidh mé ar leathanta saoire go dtí an Fhrainc ar eitleán. Chaith mé coicís le mo cairde thall. Fanfaidh muid i brú óg. Rachaidh siad ag siopadóireacht agus an trá. Thug muid cuairt ar an suíomhanna stairiúil agus an Túr Eiffel. D'ith muid ispíní traidisiúnta agus milseog blasta. Beidh sé ar feabhas gan dabht!

9. Complete with the correct details (English)

Holiday destination	
Means of transport	
Duration	
Who with	
Accommodation	
Activities	

10. Listen and arrange the information in the same order as it occurs in the text

1	My name is Gráinne
	We will spend a week there
	This summer, I will go on holidays to Italy
	The hotel is situated on the edge of town
	We will eat tasty meals
	We will go there by boat
	We will go to the beach every day
	We will stay in a luxurious hotel
	We will go home on the 13th of June
	In the morning, we will visit historic sights
	I will go with my friends
	At night, we will go to the night club

11. Listen to Cormac and answer the questions below in English

a. Where will he go on holidays? (2 details)

b. When will he go on holidays?

c. How long for?

d. How will he go?

e. Who will he go with?

f. Where will they stay?

g. What are the names of the towns where they will stay?

h. What will they do there? (4 details)

i.

ii.

iii.

iv.

12. Fill in the grid in English

	Cathal	Bríd	Shauna	Maitiú
Destination				
Who with				
Departure date				
How long for				
Accommodation				
Location				
Activities				

Printed by Amazon Italia Logistica S.r.l.
Torrazza Piemonte (TO), Italy